민주주의의 등불
장준하

민주주의의 등불
장준하

김민수 지음

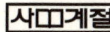

| 글쓴이의 말 |

어두운 시대를 밝힌 민주주의의 등불

 2016년의 겨울을 떠올려 봅니다. 고작 이태 전인데도 워낙 큰일을 겪은 시절이어선지 벌써 역사의 시간처럼 느껴집니다. 그때 정권이 부패하고 민주주의가 위기에 처하자 시민들이 촛불을 들고 거리로 나섰지요. 정권을 심판하자는 열기는 뜨거웠지만, 한겨울의 맹렬한 칼바람을 이길 수 있을지는 모를 일이었습니다. 그러나 수백만의 촛불이 도도한 불의 강이 되어 결국 민주주의의 승리를 일구어 냈습니다.
 "대한민국은 민주 공화국이다. 대한민국의 주권은 국

민에게 있고, 모든 권력은 국민으로부터 나온다."

그해 겨울 광장에서는 이 말이 참 많이 울려 퍼졌습니다. 대한민국 헌법 제1조이고, 이제는 누구나 당연하게 여기는 말입니다. 그런데 새삼 생각해 보면 이 두 문장 속에 참으로 많은 이들의 땀과 눈물과 피가 서려 있지요.

지난겨울엔 또 어땠습니까. 핵 개발과 미사일 실험을 둘러싸고 북한과 미국이 서슬 푸르게 맞섰습니다. 곧 전쟁이라도 터질 것 같은 위기의 시간이었습니다. 촛불운동을 겪으며 탄생한 우리 정부는 국민의 뜻을 받들어 줄기차게 평화를 호소하고 대화의 길을 찾았습니다. 드디어 북한도 호응하여 마침내 남북의 지도자가 군사분계선 위에서 두 손을 맞잡았습니다. 그때 나온 판문점 선언은 한반도에 평화의 새봄을 여는 선언이었습니다.

이렇게 우리는 민주주의의 위기를 극복하고 평화의 길로 걸음을 내디뎠습니다. 나날이 새로운 역사를 써 가고 있는 지금 이 순간, 장준하라는 이름이 더욱 각별하게 다가옵니다. 우리 사회의 민주주의와 평화는 지난날 장준하 선생 같은 이들의 의지와 희생 위에서 싹트고 자라날 수 있었으니까요.

지금으로부터 백 년 전, 장준하 선생은 외세에 조국을 빼앗긴 시절에 태어났습니다. 선생은 쉰일곱 해를 살면서 나라 잃은 설움과 민족의 분단, 동포끼리 벌인 참혹한 전쟁을 겪었습니다. 그리고 독재 정권 아래서 자유와 권리를 짓밟힌 시절을 보내야 했습니다. 하필이면 선생은 우리 민족의 가장 힘겨웠던 시절을 살아 낸 것입니다.

장준하 선생은 기독교 가정에서 자란 신학도였습니다. 평화로운 시절이었다면 선생은 사랑과 용서를 전하는 목회자가 되었을 테지요. 그러나 불운한 시대를 만나 광복군으로 총을 잡았고, 언론인으로서 날카로운 비판의 펜을 들었으며, 정치인이 되어 민주주의와 평화 통일만이 민족의 살길임을 외쳤습니다.

비록 고난으로 이어진 일생이었지만, 장준하 선생의 정신은 어둠을 밝히는 등불처럼 빛났습니다. 민주주의를 지키고 평화 통일이라는 과제를 풀어야 하는 우리에게 선생이 보여 준 신념과 용기와 행동은 여전히 소중한 가치입니다. 우리가 장준하라는 이름을 기억하고 잊지 말아야 하는 까닭입니다.

아직도 장준하 선생의 죽음을 둘러싼 의혹들이 어둠 속에 묻혀 있습니다. 그동안 여러 사람의 노력으로 선생의 죽음은 추락사가 아니라 타살의 가능성이 높다고 확인되었지요. 민주 정부가 세워진 뒤 선생의 죽음에 대한 진상을 밝히려고 노력했으나, 조사가 부족하고 증거를 찾지 못해 실패하고 말았습니다. 그 일을 포기하지 않고 끝내 진실을 찾는 일도 후대인 우리의 몫이요 책무겠지요.

올해 장준하 선생의 탄생 백 주년을 맞아 그의 삶과 정신을 다시금 기리고자 이 책을 새로 만들어 내놓게 되었습니다. 이런 뜻깊은 결정을 한 출판사와 좋은 책을 만들고자 애쓴 편집자들께 감사를 전합니다. 이번 기회에 지난번 책의 잘못된 곳을 바로잡고 새로운 사실도 덧붙였습니다.

애초 이 책이 세상에 나오게 된 건 여러 고마우신 분들 덕분이었습니다. 장준하 선생의 부인이며 한평생 마음의 동지였던 김희숙 여사께서는 기꺼이 시간을 내서 지난 시절의 긴 이야기를 들려주셨습니다. 선생이 살아 계실 때나 돌아가신 뒤에나 남다른 용기와 의지를 보여 주신 여사께서는 애석하게도 올해 세상을 떠나셨습니다. 여사께서 이 땅에 남긴 발자취를 되새기며 영원한 안식을 기원합니다. 또한 선생의 어린 시절과 가족 얘기를 말씀해 준 동생 장명하 선생, 아드님 장호성 선생과 장호준 목사께도 깊은 감사를 드립니다. 전 독립기념관장 김삼웅 선생께서도 큰 도움을 주셨습니다.

장준하 선생의 생애는 그리 길지 않았지만, 이 책을

읽는 여러분에게 아주 많은 이야기를 건넬 거라고 생각합니다. 그 이야기들이 여러분의 마음속에 깃들어 삶의 길잡이가 되고 또 큰 뜻으로 자라난다면 글쓴이로서는 더 바랄 게 없겠습니다. 그렇게 되면 여러분이 만들어 갈 미래는 분명 더 정의롭고 평화로워지겠지요.

2018년 한반도의 새봄에
김민수

| 차례 |

글쓴이의 말 4

연하동 아기 13
동의보감 할아버지 19
홀로 부르는 찬송가 26
소학생이 되어 36
브 나로드 운동 46
조국을 사랑한 소년 57
젊은 선생님 66
일본 유학 76
깨어진 신학도의 꿈 85
탈출 94
끝없는 길 107
한국 광복군 훈련반 117

대한민국 임시 정부를 향하여 127

김구 주석의 회중시계 136

원통한 해방 146

눈물 젖은 귀국길 158

전쟁 속에서 태어난 『사상계』 171

참된 언론인의 길 186

시련과 영광 195

막다른 길 208

정치인 장준하 217

통일보다 높은 명령은 없다 229

민족주의자의 죽음 240

뒷이야기 251

민주주의의 등불 장준하의 생애 264

연하동 아기

한낮의 따가운 햇살 아래 옥수숫잎들은 졸기라도 하듯 고개를 축 늘어뜨리고 있었습니다. 그러다 바람이 몰려오기라도 하면 깜짝깜짝 놀라며 숙인 머리를 쳐들었습니다.

쏴아아…….

스스슥, 스스스슥.

바람은 옥수수밭 위를 지나며 푸른 물결을 일으켰습니다. 그때마다 서로 머리를 부딪친 옥수숫잎들이 묘한 소리를 냈습니다. 마치 서로 재잘거리는 낮은 속삭임 같았습니다.

너른 만주 벌판에서 압록강을 건너 불어오는 바람결

에는 벌써 가을 기운이 서려 있었습니다. 멀리 또 가까이 이어진 산봉우리들도 한층 맑아진 하늘을 이고 있었습니다.

그때 숲길 사이로 사람의 모습이 나타났습니다. 빈 망태기를 짊어진 아저씨와 커다란 광주리를 낀 아주머니였습니다. 두 사람은 옥수수밭 어귀로 올라왔습니다. 사람이 나타나자 옥수숫잎들은 재잘거리던 입을 다물고 살랑거리는 바람결에 몸을 내맡겼습니다.

두 사람은 밭머리에서 가쁜 숨을 고르며 이마에 맺힌 땀을 씻었습니다.

"여보, 옥수수들 좀 봐요. 실하게 여문 게 어른 팔뚝만큼은 되겠어요."

"그렇구먼. 어디 좀 볼까?"

아저씨는 망태기를 벗어 던지고 자기 키보다 높이 자란 옥수수로 다가섰습니다. 그러고는 위쪽 줄기에서 옥수수 하나를 따서 연둣빛 수염을 쑥 뽑았습니다. 껍질을 벗겨 내자 고른 어금니처럼 알알이 박힌 연노랑 옥수수가 드러났습니다.

"올 옥수수 농사는 풍년이야."

두 사람의 입가에 잔잔한 웃음이 떠올랐습니다. 두 사람은 곧 밭 한쪽에서부터 옥수수를 따기 시작했습니다. 재빠르고 가벼운 두 사람의 손놀림에는 수확하는 기쁨이 담겨 있었습니다.

"참, 장 교사 어른 댁에 경사가 있었다지?"

"당신도 들었군요. 자나깨나 기다리던 손자를 보았으니 큰 경사고말고요. 저녁때 옥수수라도 한 광주리 갖다 드려야겠어요."

"그러구려."

두 사람은 이내 옥수수 따는 일에 열중했습니다. 투욱, 투욱, 스스슥……. 옥수숫잎을 헤치는 소리만 쉼 없이 이어졌습니다.

어느덧 늦여름 해도 기운을 잃고 산봉우리 너머로 기울기 시작했습니다. 멀리 바라다보이는 연하동 마을 위로 땅거미가 깔리는 게 보였습니다.

연하동은 북쪽의 압록강과 남쪽의 백마산 사이 너른 들판에 터를 잡은 마을입니다. 초가집들과 기와집들이 정겹게 이마를 맞대고 모여 있는 꽤나 큰 마을이었습니다. 마을 사람들은 들에서 벼농사를 지으며 낮은 산줄기마다 밭을 갈아 옥수수며 감자를 길렀습니다.

해가 산 너머로 숨어 버리자, 산 아래 자리한 연하동에 가장 먼저 어둠이 깃들었습니다. 집집마다 굴뚝에서 솟아오른 하얀 연기가 하늘에 안개 같은 띠를 만들어 놓았습니다. 조용한 농촌의 밤이 시작되었습니다.

그런데 마을 안 장 교사 댁은 오늘따라 안팎으로 불을 훤히 밝혔습니다. 안채에서는 밝은 웃음소리가 흘러나왔고, 간혹 갓난아이 울음소리도 들렸습니다.

즐거운 분위기는 주인어른이 있는 사랑채도 마찬가지였습니다. 사랑채에서는 장 교사 어른과 아들 장석인이 마주 앉아 이야기를 나누고 있었습니다.

"그래, 산모 건강은 어떠냐? 큰일을 치렀으니 몸조리를 잘해야지."

"염려 마십시오, 아버님."

"내가 아이 이름을 '준하'라고 지었는데, 어떠냐? 준걸 준(俊) 자에 물 하(河) 자야."

"준…… 하…… 요?"

"'재주와 슬기가 뛰어나서 물 흘러가듯 하라'는 뜻이지. 그리고 아이의 사주 풀이도 해 봤는데, 그게 좀 이상

야릇하구나."

"이상야릇하다니요?"

"글쎄다. 사주를 풀어 보면 아이는 평생 많은 고생을 할 운세야. 재물 복도 없어 가난을 면치 못하겠고. 그런데 늘 사람들에게 존경받고 이름을 후세에까지 떨칠 운세도 있으니, 이상야릇할 수밖에……."

장 교사 어른은 뒷말을 흐렸습니다. 무언가 깊이 생각하는 표정이 얼굴에 가득했습니다. 근심이 서린 듯도 했고 조금 마음을 놓는 듯도 했습니다. 그러더니 다시 말을 이었습니다.

"왜놈들에게 나라를 빼앗긴 시절에 태어났으니 당연히 고생을 많이 하겠지. 그리고 나라 잃은 백성이 재물을 많이 모은다면 어디 될 법이나 한 일이냐. 내가 운세를 좀 볼 줄 알아서 사주 풀이를 해 봤다만, 그저 재미로나 삼을 일이야."

장 교사 어른의 말에 장석인은 대꾸가 없었습니다. 그저 마음속으로만 아버지 말씀을 헤아려 볼 뿐이었습니다.

'나라 잃은 땅에서 태어난 것도 억울한데, 고생까지

많이 한다니…….'

 장석인은 아무리 재미 삼아 해 본 사주 풀이라고 해도 조금은 꺼림칙했습니다. 하지만 준하라는 이름은 되새겨 볼수록 마음에 들었습니다.

 '재주와 슬기가 물 흘러가듯 뛰어나라……. 그래서 준하란 말이지. 정말 그런 사람이 되도록 잘 길러야지. 아무리 어두운 세상에 태어났더라도 슬기로운 사람은 어둠을 헤치고 나아갈 테니까.'

 이렇게 장 교사 댁은 새 아이를 맞은 첫날 밤을 기쁨과 기대에 싸여 보냈습니다. 밤이 깊어지자 하나둘 불이 꺼졌습니다. 짙은 어둠 속에서 산짐승들이 울부짖는 소리만 아련하게 들려왔습니다.

 연하동에서 새 아기가 태어난 이날은 1918년 8월 27일이었습니다. 준하가 태어난 연하동은 압록강 하류의 남쪽에 위치한 평안북도 의주 땅이었습니다.

 이날 태어난 준하가 훗날 빼앗긴 나라를 되찾기 위해 싸우고, 독재 정권에 맞서 민주화 투쟁에 앞장섰으며, 민족의 평화 통일을 위해 애쓴 독립운동가요, 언론인이요, 정치가인 장준하 선생입니다.

동의보감 할아버지

 준하가 태어났을 때, 아버지 장석인은 열일곱 살 청년이었습니다. 오늘날 같으면 고등학생으로 한창 공부에 열중할 나이지요. 하지만 그 시절에 열일곱 살이면 누구나 자식 한두 명쯤은 둔 아버지였습니다. 열서너 살이면 결혼하는 풍습이 있었던 까닭입니다.

 장석인도 열세 살 때 두 살 더 많은 김경문과 결혼했습니다. 그래서 준하가 태어났을 때, 어머니는 열아홉 살이었습니다.

 장석인은 연하동에서 멀리 떨어진 선천읍의 신성중학교 학생이었습니다. 고등학교가 없었던 시절이었고, 대신 중학교가 5학년까지 있었습니다.

장석인은 방학을 제외하고는 늘 선천읍에서 지냈습니다. 그래서 어린 준하는 아버지와 함께 지낼 시간이 없었습니다. 가족들의 보살핌 속에서 부족한 것은 없었지만요.

어린 준하는 무릎까지 내려오는 긴 저고리만 입은 채 집 안 곳곳을 뛰어다니며 놀았습니다. 너른 집은 좋은 놀이터였습니다. 준하를 귀여워한 어른들은 준하가 마음껏 뛰어놀도록 허락해 주었습니다. 준하는 하루 종일 안채 마당에서 사랑채로, 사랑채에서 광으로, 너른 집을 휘젓고 다니며 심심한 줄 몰랐습니다.

매미 소리가 요란한 무더운 여름 한낮이었습니다. 식구들은 모두 들일을 나갔는지 집 안은 쥐 죽은 듯 고요했습니다. 준하는 막 달콤한 낮잠에서 깨어나 눈을 비비며 잠을 쫓았습니다.

구구구 구구구구.

아직 잠기운이 남아 있던 준하가 닭 소리를 듣고 고개를 돌렸습니다. 준하의 눈에 싸리 울타리 밑을 파헤치고 있는 암탉의 뒤꽁무니가 보였습니다.

신기한 것이라도 발견한 듯 준하는 눈빛을 반짝거리

며 일어났습니다. 준하 얼굴에 재미난 일을 꾸미는 장난꾸러기의 표정이 스쳤습니다. 준하는 살금살금 밖으로 나와 신발도 신지 않은 채 마당으로 내려섰습니다. 한 손에는 어느새 막대기가 들려 있었습니다.

준하는 발끝걸음으로 닭 쪽으로 다가갔습니다. 준하와 닭 사이가 한 팔 거리로 가까워졌습니다.

'요놈, 맛있는 먹이라도 찾고 있니? 어디 맛 좀 봐라.'
준하는 막대기로 닭의 뒤꽁무니를 내려쳤습니다.

<u>꼬꼬댁 꼬꼬꼬꼬!</u>

뒤꽁무니를 맞은 닭은 요란스럽게 깃을 치며 껑충 뛰어올랐습니다. 그러고는 사랑채 쪽으로 쏜살같이 달아났습니다.

"하하하하, 어딜 도망가니? 내 칼을 받아라!"

준하는 장군이라도 된 양 의기양양하게 호령하며 도망가는 닭을 뒤쫓았습니다. 준하가 사랑채로 가는 문턱을 막 넘을 때였습니다.

"어이쿠!"

준하는 그대로 땅바닥에 나뒹굴고 말았습니다. 한쪽 발이 문턱에 걸렸던 것입니다. 막대기는 어딘가에 놓쳐 버리고, 몸을 일으키니 문턱에 걸린 발이 몹시 저리고 아파 왔습니다. 무릎에서는 피까지 났습니다.

"으앙, 피가 나. 엄마, 엄마아!"

흐르는 피를 보고 준하는 무작정 울며 어머니를 찾았습니다. 하지만 들일을 나간 어머니가 집 안에 있을 턱이 없었지요. 준하는 자기를 봐 주는 사람이 아무도 없자 울면서 사랑채로 달려갔습니다. 사랑채에는 언제나 할아버지가 있었기 때문입니다.

"이노옴, 그런 못된 장난을 치니 하느님이 벌을 내리신 게야. 어디 보자."

할아버지는 화를 내는 척 나무라면서도 피가 나는 준하가 걱정되었습니다. 할아버지는 준하의 무릎을 조심스럽게 살펴보았습니다.

"괜찮다. 할아버지가 얼른 낫게 해 주마."

"침 놓으면 싫어요. 침은 아파요."

"허허허, 침이 그렇게 무섭냐? 그래, 이번에는 할애비가 침은 봐줬다. 대신 또 그런 짓을 하면, 그땐 커다란 침을 놓을 테다. 알겠니?"

준하는 대답 대신 고개를 끄덕였습니다. 두 눈가에는

아직도 눈물 자국이 남아 있었습니다.

할아버지는 벽장에서 커다란 나무 궤짝을 꺼냈습니다. 궤짝을 열자 그 안에는 하얀 종이 봉지가 가득했습니다. 할아버지가 산에서 캐다 모아 놓은 약초들이었습니다. 할아버지는 이것저것 이름 모를 약초를 으깨어 물에 개었습니다. 그러고는 그것을 준하의 무릎에 붙이고 하얀 천으로 감싸 주었습니다.

할아버지 방 벽장에서는 언제나 향기로운 약초냄새가 났습니다. 식구들은 그 벽장을 약장이라고 불렀습니다.

"할아버지, 할아버지 이름이 동의보감이에요?"

"그게 무슨 말이냐?"

"애들이 모두 할아버지를 동의보감 할아버지라고 불러요."

"허허허, 그래 맞다, 맞아."

할아버지는 껄껄껄 웃었습니다.

동의보감은 할아버지의 별명입니다. 할아버지의 진짜 이름은 장윤희지요. 할아버지는 교회 장로였습니다. 그래서 저녁마다 성경을 읽곤 했는데, 낮에는 한문으로 된 책을 더 많이 보았습니다. 사랑방에는 한문책이 가득

했습니다.

　마을 사람들은 학문이 높은 준하 할아버지를 장 교사 어른이라고 불렀습니다. '교사'란 학식이 높아서 다른 이들을 가르칠 수 있는 사람에게 붙이는 호칭이지요. 실제로 할아버지는 고향에 학교를 세우고 학생들을 가르치기도 했습니다.

　준하 할아버지가 보는 책 가운데에는 의학책도 많았습니다. 할아버지는 산이나 들로 나가 약초를 캐기도 했습니다. 캐 온 약초는 깨끗이 씻어서 사랑채 툇마루에 말린 다음 약장에 보관했습니다.

　할아버지의 약장 때문에 마을 사람들은 몸이 아프면 준하네 집으로 찾아왔습니다. 연하동에는 의원이 없었습니다. 그래서 병을 잘 알고 약장을 갖고 있는 준하 할아버지가 의사나 다름없었지요.

　"준하 할아버지는 학문도 높지만 의술도 뛰어난 분이셔."

　"그러기에 아이들이 동의보감 할아버지라고 하지 않는가."

　"동의보감 할아버지? 허허허, 맞는 말일세."

『동의보감』은 조선 시대 유명한 의사였던 허준이 쓴 의학책입니다. 준하 할아버지도 늘 『동의보감』을 보고서 사람들 병을 고쳐 주곤 했거든요.

　할아버지는 준하와 함께 놀아 주기도 했고 모르는 건 무엇이든지 가르쳐 주었습니다. 할아버지는 준하가 아무리 말썽을 피워도 화를 내는 법이 없었습니다. 준하에게는 할아버지가 동무이자 선생님이었습니다.

　준하는 할아버지에게서 많은 걸 배웠습니다. 사람은 늘 책을 읽고 공부를 해야 한다는 걸 배웠지요. 또한 자기가 알고 있는 지식은 다른 사람들을 위해 써야 한다는 것도 배웠고요. 이런 배움은 준하도 깨닫지 못한 사이에 가슴속에 심어졌습니다.

홀로 부르는 찬송가

맴맴맴……

느티나무 속에 숨은 매미는 지칠 줄 모르고 울어 댔습니다.

준하는 매미의 노랫소리가 그렇게 아름다울 수가 없었습니다. 어떤 매미는 맴맴맴 노래하고, 쏘을쏘을 노래하는 매미와 쏴알쏴알 노래하는 매미도 있었습니다. 준하는 매미란 놈의 모양을 한번 자세히 보고 싶었습니다.

'매미는 몸 어딘가에 피리를 숨겨 두고 있는지도 몰라.'

매미를 잡아 보고 싶은 준하는 더위마저 잊어버렸습니다. 준하는 옆집 동무를 꼬드겨 매미 잡기에 나섰습니다.

준하는 땅바닥에 엎드려 있는 동무의 등을 밟고 조심스럽게 나무에 올랐습니다. 동무는 아무래도 준하가 미덥지 못한 눈치였습니다.

"손바닥으로 너무 꽉 누르면 안 돼. 매미가 죽을지도 몰라."

"걱정 마, 날 믿으라고."

준하는 곧 나무줄기가 갈라지는 곳까지 오를 수 있었습니다. 과연 생각했던 대로 엄지발가락만 한 매미가 나뭇가지에 붙어 있는 게 보였습니다.

매미는 팔을 뻗으면 닿을 거리에서 움직이지도 않고 노래하고 있었습니다. 노랫소리만 없다면 꼭 죽은 것처럼 보였습니다. 준하는 숨을 죽이고 매미 쪽으로 조심조심 손을 내뻗었습니다. 한 손으로 나뭇가지를 붙잡은 터라 몹시 불안한 자세가 되었습니다. 준하가 손바닥으로 매미를 막 누를 참이었습니다.

"얘, 준하야! 너 또 장난치고 있구나?"

나무 밑에서 누군가 자전거 방울을 울리며 소리쳤습니다. 준하는 나쁜 짓을 하다 들킨 것처럼 얼른 손을 치웠습니다. 그러자 매미는 눈 깜짝할 사이에 힘찬 날갯짓을 하며 날아가 버렸습니다.

"아, 아저씨세요?"

준하는 우편배달부 아저씨를 알아보고는 실망스러운 표정을 지었습니다. 그러나 곧 환하게 웃으며 재빠르게 나무 밑으로 미끄러져 내려왔습니다.

"아저씨, 오늘도 신문 가져오셨지요?"

"그래, 옜다. 네가 기다리던 신문이야. 그런데 먼저 할아버지께 갖다 드려야 해. 저번처럼 또 찢어 먹으면 안 된다."

"피이, 제가 뭐 염소인가요? 신문을 찢어 먹게."

"할아버지가 보시기도 전에 그림을 오리면 안 된다는 거야. 그러면 나만 할아버지한테 혼나잖니."

"잘 알았습니다, 아저씨."

준하는 시원스럽게 대답하며 신문을 받아 들었습니다. 신문 뭉치는 꽤나 묵직했습니다.

몇 해 전 준하네가 이사를 온 삭주의 청계동 인근에서는 준하 할아버지만 신문을 보았습니다. 그런데 청계동은 전에 살던 연하동과 달리 아주 첩첩산골의 외진 마을이어서 우편배달부도 일주일에 한 번 올까 말까 했습니다. 우편배달부 아저씨가 오는 날이 바로 일주일치 신문이 한꺼번에 배달되는 날이었습니다.

"에이, 또 매미를 놓쳐 버렸잖아."

동무는 몹시 원망스러운 얼굴로 준하와 우편배달부 아저씨를 번갈아 보았습니다. 하지만 준하는 우편배달부 아저씨를 뒤따라 달려갔습니다.

"너 어디 가니? 매미 안 잡을 거야?"

"너 혼자 잡아라. 난 집에 가 봐야 해."

준하는 뒤도 돌아보지 않고 대답했습니다.

마을 길로 들어선 준하는 사립문을 열고 집 안으로 달려 들어갔습니다. 잔뜩 신바람이 나 있었습니다.

준하는 신문이 배달되는 날이면 그렇게 기쁠 수가 없었습니다. 좋아하는 신문을 맘껏 볼 수 있기 때문입니다.

그렇다고 준하가 신문을 읽는 건 아닙니다. 준하는 아직 글자를 모릅니다. 더구나 신문에는 어려운 한자가 아주 많습니다. 준하가 신문을 반기는 까닭은 다른 데 있었습니다.

신문에는 갖가지 신기한 그림과 사진이 많았습니다. 깨알처럼 줄을 맞추어 선 글자들 가운데 예쁜 아줌마 얼굴이며 낯선 도시의 사진이 실려 있었습니다. 어떤 때에는 눈이 황소처럼 커다랗고 콧날이 오똑한 서양 사람들도 나오곤 했습니다. 준하는 꿈에서도 못 본 것들이지요.

서양 사람 사진을 볼 때마다 준하는,

"와아! 이 사람들이 바로 흰둥이들이구나."

하면서 탄성을 지르곤 했습니다. 네모난 성냥갑을 쌓아 놓은 듯한 높은 건물 모습은 더욱 놀라웠습니다.

'어떻게 이런 데서 사람이 살까? 자다가 무너지면 어떡하지?'

준하는 신문에서 바다 위에 떠 있는 커다란 배도 보았습니다. 그런 배를 모두 쇠로 만든다니 놀랍기만 했습니다. 무거운 쇠로 만든 배가 바다 위에 떠서 앞으로 쑥쑥 나아간다는 게 도무지 이해가 되지 않았습니다.

글을 읽기는커녕 제 이름도 잘 못 쓰는 준하입니다. 그러나 어느새 한자로 '동아일보'라고 찍힌 신문 제목을 손가락으로 흉내 내어 그릴 수 있을 만큼이 되었습니다.

"허어, 이놈 보게. 할아버지 신문을 먼저 차지하다니. 이다음에 크면 신문쟁이가 되려고 그러나? 허허허……."

마루에 엎드려 신문을 보고 있는 준하를 보고 할아버지는 웃음 지었습니다.

"신문쟁이가 뭐래요, 할아버지?"

"여러 가지 세상일을 취재하고 사진을 찍고 기사를 쓰는 사람이야. 그 기사들을 모아서 이렇게 날마다 신문을 만들어 내는 거란다. 그런 신문 기자들 덕분에 우리 같은 산골 사람도 세상 소식을 알게 되지."

"그럼 신문 기자란 좋은 일을 하는 사람이네요?"

"그렇고말고."

준하는 할아버지의 설명을 모두 알아듣겠다는 듯 고개를 끄덕였습니다. 신문 기자가 되어 이리저리 바쁘게 뛰어다니는 제 모습을 상상이라도 하는지 커다란 눈을 깜빡거렸습니다.

준하는 신문을 뒤적이다가 마음에 드는 그림이나 사진이 있으면 오려서 모아 두곤 했습니다. 그중에서도 만화를 가장 좋아해서 틈만 나면 땅바닥에 흉내 내어 그려 보기도 했습니다.

'글을 모르면 신문도 읽을 수가 없어. 학교에 가서 글을 배우면 나도 신문을 읽을 수 있을 텐데······.'

준하는 얼른 학교에 가고 싶었습니다. 학교에 가서 글만 익히면 그림으로만 보는 만화도 죄다 읽을 수 있을 테니까요.

할아버지는 일요일이면 늘 성경과 찬송가책을 끼고 교회에 갔습니다. 준하는 할아버지가 교회 가는 날은 금방 알 수 있었습니다. 교회 가는 날이면 할아버지는 옷차림부터 달랐습니다. 할아버지가 눈부시게 하얀 두루마기에 새 버선을 신는 날은 꼭 교회에 가는 날이었습니다.

준하는 할아버지를 따라 교회에 가 보고 싶었습니다. 교회에는 준하가 알지 못하는 무슨 재미난 일이 있을 것만 같았습니다.

할아버지는 언제나 인자했지만, 교회 가는 날만은 달랐습니다. 준하가 아무리 떼를 써도 데려간 적이 없었습니다. 그런 할아버지가 무슨 바람이 불었는지 하루는 이렇게 말했습니다.

"준하야, 오늘은 할아버지랑 교회에 가지 않으련?"

준하는 두 귀가 번쩍 뜨였습니다.

"정말요, 할아버지?"

"언제 할아버지가 거짓말하는 것 봤니? 너도 이제 다

컸으니 예배 볼 때에 얌전히 있을 수 있지? 그리고 가는 길에 다리 아프다고 업어 달라고 하면 안 된다."

"그럼요, 약속할게요."

준하는 신이 나서 흙투성이가 된 옷차림 그대로 뛰어 나갔습니다.

그때부터 준하는 일요일마다 할아버지를 따라 교회에 갔습니다. 마을에서 교회까지는 먼 길이었지만 한 번도 빠진 적이 없었습니다.

준하는 교회에서 새 동무들도 사귀었습니다. 풍금 소리에 맞춰 부르는 노래는 그렇게 즐거울 수가 없었습니다.

"자, 따라 해 봐요. 예수 사랑하심은……."

"예수 사랑하심은……."

"거룩하신 말일세……."

"거룩하신 말일세……."

하얀 이마가 어여쁜 선생님은 목소리도 고왔습니다. 준하는 큰 소리로 찬송가를 따라 부르며 선생님을 넋 놓고 바라보곤 했습니다.

이제 준하는 할 일이 하나 더 생겼습니다. 물론 예전처럼 개울에서 물장구도 치고, 느티나무를 오르내리며 매미도 잡고, 돌다리를 두드리며 닭을 집으로 몰아오는 일도 했지요. 하지만 교회 학교 선생님을 기쁘게 해 주고 싶은 마음에 찬송가 부르는 연습을 가장 열심히 했습니다.

준하는 하루 종일 동무들과 몰려다니다가도 해 질 무렵이 되면 뒷동산으로 달려갔습니다. 집이 코앞에 내려다보이는 뒷동산에는 커다란 밤나무 한 그루가 있었습니다. 밤나무 아래에는 푸른 잔디가 곱게 자라서 아늑했습니다. 혼자서 찬송가를 연습하기에 안성맞춤이었지요.

"으흠으흠, 아아아아……."

준하는 먼저 목청부터 가다듬었습니다. 그것도 선생님에게 배웠습니다. 목청을 가다듬고 음정 연습을 하고 나면 목소리가 더 곱게 나온다고 했습니다.

예수 사랑하심은
거룩한 말일세
우리들은 약하나
예수 권세 많도다
날 사랑하심

날 사랑하심

날 사랑하심

성경에 써 있네

  해가 지고 땅거미가 슬슬 내려오기 시작했습니다. 준하가 부르는 찬송가는 소슬바람을 타고 언덕 아래 마을로 퍼져 나갔습니다. 준하의 노랫소리가 가장 먼저 닿는 곳은 바로 준하네 집 사랑채였습니다.
"허허허, 그놈 목청 한번 맑구나."
  사랑채에서 책을 보고 있던 할아버지가 혼잣말로 중얼거리며 흐뭇해했습니다.

소학생이 되어

산마을의 겨울은 사방이 온통 눈뿐이었습니다. 며칠째 눈이 내리던 어느 날, 평양에서 아버지가 왔습니다. 검은 가죽 가방을 든 아버지는 머리와 어깨에 눈이 수북이 쌓여서 꼭 눈사람처럼 보였습니다.

아버지는 평양에 있는 숭실전문학교 영문과에 다니고 있었습니다. 그래서 집에 오는 건 여름 방학과 겨울 방학 때뿐이었습니다.

아버지는 늘 입가에 웃음을 머금고 나직나직한 목소리로 말을 건네곤 했습니다. 준하는 네모난 학생 모자를 쓰고 검정 학생복을 입은 아버지가 무척이나 멋있어 보였습니다.

'나도 얼른 학교에 가서 아버지처럼 훌륭한 대학생이 되어야지.'

준하는 아버지를 볼 때마다 얼른 학교에 들어가고 싶은 마음이 굴뚝같았습니다. 그런 준하의 마음을 눈치라도 챈 걸까요? 겨우내 집에서 지내던 아버지는 할아버지와 의논하여 준하를 학교에 보내기로 했습니다. 새해에는 준하도 여덟 살이 되기 때문입니다.

"학교에 들어가면 열심히 공부해야 한다. 아버지가 없다고 놀기만 하면 안 돼. 착한 학생이 된다고 약속할 수 있지?"

방학이 끝나고 다시 평양으로 떠나던 날, 아버지는 준하의 머리를 어루만지며 말했습니다. 준하는 아버지에게 약속했습니다.

겨우내 귓불을 빨갛게 얼려 주던 북쪽 바람이 한결 부드러워지기 시작했습니다. 꽝꽝 얼었던 개울도 얼음이 풀리고, 얼음장 사이로 쫄쫄쫄 물이 흐르기 시작했습니다. 곧 버들개지가 머리를 내밀었고, 봄이 왔습니다.

"이렇게 새 옷을 입으니 우리 준하도 멋쟁이네!"

어머니는 며칠 밤을 새워 만든 하얀 바지저고리를 준

하에게 입혀 보았습니다. 준하는 바지저고리에 두루마기까지 있는 새 한복을 태어나서 처음으로 입어 봅니다.

내일 아침 준하는 소학교에 갑니다. 입학시험을 보는 날이거든요. 그때는 소학교에 입학하려면 시험을 치러야 했습니다. 시험에 합격한 어린이만 소학교에 다닐 수 있었습니다. 선생님들은 시험 보러 온 어린이들에게 이름 쓰기, 1부터 100까지 숫자 세기를 시켰습니다. 어떤 선생님은 쉬운 덧셈과 뺄셈 문제도 냈습니다.

"엄마, 이상해요. 옷이 너무 뻣뻣해요."

"그게 좋은 거란다. 옷이 구겨지지 말라고 뻣뻣하게 풀을 먹여서 그래. 할아버지를 봐. 교회에 가실 땐 꼭 풀 먹인 두루마기를 입으시잖니?"

준하는 뻣뻣한 새 옷을 입자 어쩐지 몸이 근질근질했습니다. 그래서 자꾸만 위아래로 바지저고리를 훑어보았습니다. 그때 준하를 지켜보고 있던 고모가 불쑥 물었습니다.

"참, 너 그동안 시험 공부 많이 했니?"

"그럼요. 이름도 쓸 줄 알고, 셈도 세고, 더하기도 잘해요."

"우리 집 주소도 알아?"

"평안북도 삭주군 외남면 청계동."

준하는 고모에게 주소를 외어 보였습니다. 그래도 고모는 성이 차지 않은 듯했습니다.

"선생님이 혹시 일본말을 물어보면 어떡하지? 일본말을 물어보는 선생님도 있다던데……."

"알아요. 교회 학교에서 형들한테 들어서 조금 배웠는걸요."

준하는 자신 있게 대답했습니다.

이튿날 준하는 할아버지를 따라 교동보통학교로 갔습니다. 집에서 가장 가까운 소학교였지만, 산길을 따라 십 리도 넘게 걸어가야 했습니다.

선생님을 마주하자 준하는 조금 가슴이 떨렸습니다. 하지만 이름을 쓰고 숫자를 헤아리면서 차츰 자신감이 생겼습니다. 덧셈과 뺄셈까지 모두 맞혔습니다.

"장준하 어린이, 참 잘했다. 그럼 일장기를 일본말로 뭐라고 하지?"

고모가 걱정했던 대로 선생님은 일본말을 물었습니다. 하지만 준하는 떨리지 않았습니다. 마침 아는 말이었습니다.

"히노마루!"

"좋아. 그럼 히노마루를 다는 국기봉은?"

이번에는 준하도 한참 머뭇거렸습니다. 알 것도 같고 모를 것도 같았습니다. 알쏭달쏭했습니다. 뭐였더라? 아, 맞아! 준하는 고개를 번쩍 들며 큰 소리로 대답했습니다.

"긴타마데스!"

"뭐라고?"

"와하하하……."

갑자기 선생님은 웃음을 터뜨렸습니다. 게다가 옆에 있던 선생님들까지 배를 잡고 웃는 게 아니겠습니까? 교실 안은 온통 웃음바다가 되었습니다. 준하는 영문도 모르고 귓불까지 새빨개졌습니다. 자기가 무슨 잘못을 했는지는 몰랐지만 몹시 부끄러웠습니다.

준하가 대답한 '긴타마데스'는 우리말로 '불알입니다'라는 말입니다. '국기봉입니다'를 일본말로 하려면 '긴노다마데스'라고 해야 하고요. 그런데 준하가 국기봉을 불알이라고 했으니, 선생님들이 웃을 수밖에요.

"잘했어. 아주 또랑또랑 대답을 잘하는구나. 씩씩해서 좋아. 합격이다."

준하는 엉뚱한 대답을 했지만 오히려 씩씩하다는 칭찬을 받았습니다. 며칠 뒤 준하는 입학식을 하고 당당한 소학생이 되었습니다.

소학생이 된 준하는 아침마다 동무들과 함께 어깨에 책보를 동여매고 학교까지 이슬 깔린 산길을 달렸습니다. 준하 또래의 키를 넘어 자라난 싸리나무 숲길에는 간밤에 지나다닌 산짐승들의 발자국이 남아 있곤 했습니다.

준하는 아버지와 한 약속을 지키려고 열심히 공부했습니다. 아버지처럼 훌륭한 대학생이 되겠다는 다짐도 잊지 않았습니다. 그러다 보니 예전의 개구쟁이 같은 모습은 차차 사라졌습니다.

하지만 개구쟁이가 하루아침에 얌전해질 리가 있겠어요? 학교에서 돌아오면 준하는 동무들과 함께 몰려다니곤 했습니다. 남의 콩밭에 불을 피워 콩을 구워 먹기도 하고 나무 막대기를 깎아 들고 날이 저물도록 전쟁놀이를 하기도 했습니다. 개구쟁이들은 콩 서리나 전쟁놀이도 차츰 싫증이 났습니다. 뭔가 더 재미난 일이 없을까 궁리하게 되었습니다.

"얘들아, 우리 돈따먹기 한번 해 볼까? 삼치기 놀이 말이야. 저번에 학교에서 다른 동네 애들이 하는 걸 봤는데, 참 재미있더라."

"삼치기? 그래도 될까?"

삼치기는 한 사람이 여러 개의 동전이나 구슬을 양손에 넣고 흔들다가 한 손에 쥐면 나머지 사람들이 그 개수를 알아맞히는 놀이입니다. 알아맞힌 사람이 그 동전이나 구슬을 갖습니다.

"뭐 어때? 우리가 가진 돈을 한 사람이 모두 가져갈 때까지 해 보는 거야. 그럼 큰돈이 되잖아."

이 말에 준하도 솔깃했습니다. 하지만 준하는 가진 돈이 한 푼도 없었습니다. 돈이 있는 동무들은 좋아들 했지만 준하는 시큰둥했습니다.

"난 싫어. 돈이 한 푼도 없는걸."

"너희 집엔 성냥이 있잖아! 너는 돈 대신 성냥을 써도 좋아."

"그럼 잠깐만 기다려."

준하는 신이 나서 집으로 달려가 부뚜막 위에 놓여 있는 성냥갑을 통째로 들고 나왔습니다. 물론 어머니 몰래 가지고 나왔지요. 준하는 놀이에 정신이 팔려 잘못을 저지르고 있는 줄도 몰랐습니다.

청계동 같은 산골 마을에서는 성냥을 쓰는 집이 많지 않았습니다. 사람들은 아궁이나 화로에 불씨를 묻었다가 새 불을 지피곤 합니다. 그래서 성냥은 돈만큼이나 귀중한 물건이었습니다.

아이들은 노느라 정신이 없었습니다. 날이 저물 무렵에야 한 동무가 돈을 독차지하게 되었습니다. 물론 준하는 성냥을 모두 잃고 말았지요. 그제야 아이들은 저녁밥 먹을 시간이 지난 걸 깨달았습니다.

'이 일을 어쩌지? 성냥을 다 잃었으니 할아버지가 가만 계시지 않을 텐데.'

준하는 배가 고팠지만 집으로 돌아가기가 무서웠습니다. 그래도 별수 있나요? 준하는 잔뜩 주눅이 든 채 대문을 들어섰습니다. 집 안에서는 벌써 한바탕 소란이 벌어지고 있었습니다.

"얼마나 걱정한 줄 아니? 도대체 밤늦도록 어디서 무

얼 하다 왔어? 성냥은 또 어쩌고? 성냥을 찾느라고 저녁밥도 늦게 했잖니. 얼른 사랑채로 가서 할아버지께 잘못했다고 빌어."

어머니가 도끼눈을 뜨고 꾸중했습니다. 준하는 겁에 질려 힘없이 사랑채로 갔습니다. 할아버지는 어머니보다 더 무서운 얼굴을 하고 있었습니다.

"이노옴! 지금까지 어디서 무얼 했는지 솔직히 말해라. 거짓말하면 더 큰 벌을 받을 것이야."

"동무들이랑 놀았어요."

"무얼 하고?"

"삼치기하면서요."

"그건 돈놀이 아니냐? 돈이 어디서 나서?"

"성냥으로요."

"이, 이런……. 남의 돈을 공짜로 먹겠다는 심보가 얼마나 나쁜 줄 모른단 말이냐? 다시는 그런 생각을 못 하도록 단단히 벌을 주겠다. 당장 종아리 걷어라, 어서!"

철썩, 철썩, 철썩…….

싸리나무 회초리가 장딴지에 닿을 때마다 살갗이 찢어지는 듯 아팠습니다. 준하는 이를 악물고 참았습니다.

얼마나 힘을 줬는지 입안이 다 얼얼했습니다. 할아버지의 벌은 쉽사리 끝나지 않았습니다. 이를 악물고 견디던 준하가 울면서 잘못을 빌고 나서야 할아버지는 회초리를 거두었습니다.

벌을 받고 난 준하는 이제 자기가 코흘리개 어린아이가 아니라는 걸 깨달을 수 있었습니다. 이제는 자기 일에 책임질 줄 알아야 하는 소학교 학생이었습니다.

그 뒤로 준하는 크게 달라졌습니다. 남을 속이거나 일하지 않고 남의 것을 차지하려는 생각은 큰 잘못이라는 것을 알았습니다.

할아버지가 처음이자 마지막으로 내린 회초리 벌은 준하를 어엿한 소년으로 바꿔 놓았습니다.

브 나로드 운동

 5학년이 되면서 준하는 대관보통학교로 전학했습니다. 그건 할아버지와 아버지의 뜻이었습니다.

 집안 어른들은 준하가 큰 학교에서 엄격하게 배우기를 바랐습니다. 그래야 어려운 중학교 시험에 합격하리라고 여겼던 거지요.

 준하는 이제 식구들과 떨어져서 살아야 했습니다. 대관보통학교는 청계동에서 자그마치 오십 리나 떨어진 대관 마을에 있었기 때문입니다. 대관에 가려면 사십 리나 되는 험준한 족고령 고갯길을 넘고도 다시 십 리를 더 가야 합니다.

 준하는 할아버지와 가까운 사이인 박 장로 댁에서 살

았습니다. 식구들과 헤어져 사는 게 슬펐지만 할 수 없었습니다. 중학교 시험에 합격하려면 그런 것쯤은 이겨 내야 한다고 생각했습니다.

준하가 목표로 삼은 학교는 평양에 있는 숭실중학교였습니다. 숭실중학교는 평안도에서 이름이 높은 중학교로, 많은 소학생들이 가장 가고 싶어 하는 학교였습니다. 마침 숭실중학교에는 아버지가 교목 선생님으로 있었습니다. 아버지는 숭실전문학교를 마친 뒤 다시 평양신학교를 졸업한 목사였습니다.

그때부터 1년 뒤, 준하는 식구들의 기대를 저버리지 않고 자신의 목표를 이루었습니다. 숭실중학교 입학시험에 합격한 것입니다.

'와아, 평양은 크고도 넓구나!'

아버지를 따라 평양역에 내린 준하는 큰 건물과 널찍하게 뚫린 길을 보며 놀랐습니다. 거리를 오가는 자동차도 사람들의 옷차림도 신기하기만 했습니다. 우물 안에 살던 개구리가 너른 세상을 보았다고나 할까요.

평양 생활은 준하에게 새로운 희망을 품게 해 주었습니다. 번쩍번쩍 금빛 나는 모표를 단 모자에 새로 맞춰 입은 교복이 자랑스러웠습니다.

'이 드넓은 세상에 우뚝 서는 사람이 되어야지. 높은 사람이 되어 다른 사람들을 호령할 테야.'

준하는 이런 희망에 부풀어 중학교 생활을 시작했습니다. 지위가 높은 사람이 되겠다는 생각으로 공부도 열심히 했습니다. 그런 준하에게 학교생활은 즐겁기만 했습니다.

첫 여름 방학을 한 달쯤 앞둔 어느 날이었습니다. 점심시간에 학교 게시판 앞을 지나던 준하는 어떤 포스터에 유난히 눈길이 갔습니다. 그 포스터에는 '동아일보'라는 글자가 큼직하게 찍혀 있었습니다. 그 아래로는 "아는 것이 힘이다!", "배워야 산다!"는 표어가 쓰여 있었습니다.

'동아일보? 이게 무슨 포스터일까?'

준하는 '동아일보'라는 글자가 반가웠습니다. 고향에 있는 할아버지라도 대하듯 정겨운 느낌이었습니다. 어린 시절 준하가 뜻도 모르고 흉내 내어 그려 보던 글자들이었습니다.

그 포스터는 동아일보사에서 '농촌 브 나로드 운동'

에 참가할 학생을 모집하는 안내문이었습니다. '브 나로드'란 러시아말인데, '민중 속으로 들어가자'라는 뜻입니다. 그러니까 농촌 브 나로드 운동이란 지식인들이 농촌으로 들어가 농민과 농촌을 위해 일하자는 운동이었습니다. 글을 모르는 농민들에게는 글을 가르치고, 일손이 필요한 농민들에게는 일을 거들어 주고요. 또 농민들이 스스로 자기 권리를 찾도록 일깨우는 운동이기도 합니다.

그때 조선 사람 열 가운데 여덟은 농민이었습니다. 농민들은 가난해서 학교에 다니지 못하는 사람이 많았습니다. 그래서 글도 모르는 사람이 많을 수밖에 없었습니다.

일본 침략자들은 조선 농민들이 무식한 걸 오히려 좋아했습니다. 아무것도 모르는 사람들은 다스리기가 쉬우니까요. 만약 무식한 농민들이 배우고 깨치면 어떻게 될까요? 자기들이 헐벗고 굶주리는 까닭이 일본 침략자들 때문이라는 걸 알게 되겠지요. 그러면 땀 흘려 가꾼 농산물을 빼앗아 가는 날강도 일본 침략자들을 가만둘 리 없습니다.

'그래, 아는 것이 힘이야. 나도 글을 몰랐을 때는 신문을 봐도 무척 답답했어.'

준하는 자기가 글을 읽지 못했던 때를 돌이켜 보았습니다. 그리고 중학생인 자기를 생각했습니다. 이제 조금이라도 더 배운 자기 같은 학생이 글을 모르는 사람들의 답답한 마음을 풀어 주어야 한다고 생각했습니다. 준하는 당장 학생회로 달려가 참가 신청서를 써냈습니다.

마침내 여름 방학이 되었습니다. 하지만 준하는 곧바로 고향에 가지 못했습니다. 브 나로드 운동에 참가할 친구들과 함께 평양 공회당에서 사흘 동안 교육을 받았습니다. 그러고 나서 고향에서 농민들에게 한글을 가르칠 임무를 받았습니다.

"어휴, 숨차."

준하는 자전거를 끌고 족고령 고갯마루에 올라섰습니다.

'자전거를 괜히 가지고 왔나 보다.'

준하는 자전거를 세우고 땀을 닦으며 조금 후회했습니다. 준하는 그저께 저녁에 자전거를 기차에 싣고 평양역을 떠났습니다. 어제 새벽녘에야 정주역에 닿은 준하는 다시 이틀 동안 이백 리를 달려왔습니다.

고갯마루에 오르니 시원한 바람이 불었습니다. 지난 며칠 동안 쌓인 피로가 말끔히 가시는 듯했습니다. 멀리 고향 집이 내려다보이자 가슴이 쿵쿵 뛰었습니다. 마음은 벌써 고향 집 대문을 들어서고 있었습니다. 준하는 나는 듯이 달려 마을로 향했습니다.

준하가 집에 도착하니 동아일보사에서 보낸 소포 꾸러미가 먼저 와서 기다리고 있었습니다. 그 속에는 한글 교과서가 들어 있었습니다. 아직 짐도 풀지 않은 준하는 소포를 어루만지며 좋아했습니다. 그런데 준하의 기쁨에 찬물을 끼얹는 일이 벌어졌습니다.

"이봐, 학생이 장준하 맞나?"

언제 와 있었는지 웬 순사가 다가오며 물었습니다. 허리에 찬 칼이 햇빛을 받아 번쩍거렸습니다. 준하는 무슨 영문인지 몰라 멍하니 순사를 바라보았습니다.

"학생이 장준하 맞아?"

"맞는데요. 무슨 일이죠?"

"그건 알 것 없고, 내가 묻는 말에만 대답해라. 자, 먼저 이 종이에 어느 학교 몇 학년 몇 반 누구인지 써라.

그리고 방학 동안 고향에서 뭘 할 건지 자세히 적어. 조금도 속이지 말고 자세히 적어야 해!"

순사는 종이 한 장을 준하 앞으로 던졌습니다. 마치 범죄자라도 심문하는 투였습니다.

"뭘 쓰라는 거예요? 제가 잘못한 일이라도 있나요?"

"잔말 말고 시키는 대로 해!"

말투가 몹시 험악해진 순사는 매서운 눈길로 준하를 쏘아보았습니다.

이날 순사는 준하를 감시하려고 온 것입니다. 준하가 브 나로드 운동에 참가한 걸 알고 조사를 나온 거지요. 순사는 동아일보사에서 보낸 소포 꾸러미를 미리 조사한 게 분명합니다. 편지나 소포 검사는 일본 경찰이 늘 하는 일이니까요. 일본 침략자들은 조금이라도 수상쩍으면 어린아이들까지 감시했습니다. 그러다가 무슨 꼬투리라도 생기면 당장 붙들어 갔습니다.

준하는 순사에게 협박을 받으며 시키는 대로 썼습니다. 한 줄 한 줄 써 내려가며 준하는 목구멍까지 치미는 슬픔을 느꼈습니다.

'왜 나는 순사에게 이런 협박을 받아야 하나? 나는

그저 우리 농민들에게 글을 가르쳐 주려고 한 것뿐인데…….'

순사가 가고 난 뒤 준하는 몹시 화가 나기도 하고 부끄럽기도 했습니다. 순사가 무서워서 시키는 대로 적은 자신이 미웠습니다. 순사를 향한 미움이 불길처럼 타올랐습니다. 눈물이 났지만, 화가 나서 우는지 부끄러워서 우는지 알 수 없었습니다.

그날 준하는 밤이 깊도록 잠을 이루지 못했습니다. 이런저런 생각이 머릿속을 가득 채우고 있었습니다. 하지만 서서히 한 가지 생각이 자리 잡아 갔습니다.

'꼭 해내고 말겠어. 조선 사람이 조선글을 배우고 가르치는데, 자기들이 웬 참견이야. 이럴수록 더욱 용기를 내야 해.'

비록 순사에게 협박을 받긴 했지만 할 일은 해야 했습니다. 순사에게 진 자신을 생각하면 할수록 준하는 오기가 생겼습니다.

이튿날 준하는 글 배울 사람을 모아서 어린아이들은 오전반으로, 어른들은 오후반으로 나누었습니다. 준하는 첫날부터 수업을 시작했습니다. 오후반 수업이 첫 수업이었습니다.

"나이 어린 중학생에게 글을 배운다고 부끄러워하지 마세요. 우리 선생님이 말씀하시기를 배우는 데에는 나이가 없고, 또 사람은 죽을 때까지 배운다고 하셨습니다."

준하는 자기만 뚫어져라 쳐다보는 수많은 눈동자들을 느꼈습니다. 사람들 앞에서 거침없이 말을 하고 있는 자신이 놀라웠습니다. 이상한 일이었습니다. 자기가 남들 앞에서 이렇게 말을 잘할 줄은 생각조차 못 했습니다.

"사람은 왜 더 많이 배우려고 할까요? 높은 사람이 되어 잘살려고 그럴까요? 남의 존경을 받고 싶어서일까요? 아닙니다. 현명하게 살기 위해서입니다. 깨치고 배워야만 자기도 발전하고, 또 사회와 나라도 발전시킬 수 있거든요."

준하는 이렇게 말하면서 깜짝 놀랐습니다. 지금 자기 입에서 나오는 말이 자기가 하는 말이 아닌 것만 같았습니다.

지난봄만 해도 준하는 높은 사람이 되고 싶은 꿈을 꾸었습니다. 공부를 많이 해서 세상 사람들에게 존경을 받고 싶기도 했습니다. 그런데 지금은 자기 입으로 그런 생각이 틀렸다고 말하고 있는 게 아닙니까?

준하는 사람들을 가르치는 일이 신났습니다. 어린이 반도 어른 반도 재미있었습니다. 두 반을 서로 다르게 가르쳐 보려고 여러 가지 궁리도 했습니다. 신문사 강습회에서 배운 노래도 가르치고 율동을 해 보이기도 했습니다.

꽃 피는 삼천리 방방곡곡의
조선의 아가야 우리 아가야
손과 손을 잡고서 손과 손을 잡고서
꽃 피는 삼천리 봄 맞으러 갈거나
얼싸얼싸 좋구나 절씨구두 좋구나
얼싸얼싸 좋구나 절씨구두 좋구나

물론 풍금 반주 없이 그냥 입으로만 부르는 노래였습니다. 그래도 아이들은 신나게 따라 불렀습니다. 우렁찬 합창 소리가 들판 멀리멀리 퍼져 나갔습니다.

준하가 시작한 한글 강습회는 일요일만 쉬고 날마다

열렸습니다. 일요일은 준하가 그동안 가르친 내용을 기록해서 신문사로 보고서를 보내는 날입니다. 준하에게는 하루하루가 보람찬 나날이었습니다.

준하를 협박했던 순사도 날마다 강습회를 찾아왔습니다. 순사는 준하가 한 일을 조사해 수첩에 적었습니다. 처음에 준하는 순사를 보면 화도 나고 겁도 났습니다. 하지만 나중에는 아무렇지도 않았습니다.

훗날 장준하는 이때를 생각하며 이렇게 말했습니다.

"그 순사 때문에 나는 처음으로 민족을 사랑하는 마음을 갖게 되었습니다."

그렇습니다. 준하는 그 순사 때문에 일본이 우리나라를 침략해서 우리 민족의 자유를 빼앗고 탄압한다는 사실을 깨달은 것입니다.

조국을 사랑한 소년

준하의 평양 생활은 오래가지 않았습니다. 아버지가 숭실중학교에서 선천읍에 있는 신성중학교로 전근했기 때문입니다. 중학교 2학년이 된 준하도 아버지를 따라서 신성중학교로 전학했습니다. 아버지는 같은 학교에서 영어와 성경을 가르쳤습니다.

선천은 평양보다 훨씬 작은 도시였습니다. 신성중학교도 숭실중학교에 견주면 작은 학교였고요. 그래도 준하는 새 고장과 학교가 마음에 들었습니다. 평양에 살 때보다 고향이 가까운 것도 좋았습니다.

새 학교에서 준하의 마음을 사로잡은 건 장이욱 교장 선생님이었습니다. 준하는 교장 선생님이 가르치는 공부 시간이 무척 기다려졌습니다.

"나라 없는 백성이 나아갈 길은 노예가 되는 길밖에 없다. 우리가 아무리 많은 지식을 쌓아도 나라를 위해 쓰지 않으면 아무런 소용이 없다. 나라 잃고 2천 년 동안 세계 이곳저곳을 떠돌면서 눈물과 한숨으로 살아가는 유대인들을 보아라. 여러분이 할 일이 과연 무엇이겠는가?"

장이욱 선생님은 민족을 사랑하는 마음이 깊은 교육자였습니다. 언제나 학생들에게 빼앗긴 나라를 되찾아야 한다고 가르쳤습니다. 일본 경찰이 감시의 눈을 번뜩이던 때에 장이욱 선생님의 그런 가르침은 보통 용기를 가지고는 할 수 없는 일이었습니다.

2학년 여름 방학이 시작되자 준하는 다시 브 나로드 운동에 참여했습니다. 지난해와 마찬가지로 신문사 강습을 받고 고향을 찾았습니다.

준하가 고향에 왔을 때 이번에도 신문사에서 보낸 소포가 먼저 와서 기다리고 있었습니다. 그런데 준하를 기다린 건 소포만이 아니었습니다. 일본 순사도 또 와 있었습니다.

'그래, 누가 이기나 해 보자구.'

준하는 다시 만난 순사가 하나도 두렵지 않았습니다. 정신으로는 순사를 이길 수 있다는 자신이 있었습니다.

두 번째 여름 한글 강습회가 시작되었습니다. 강습회에는 지난해보다 더 많은 사람들이 모였습니다. 이제는 조금씩 글을 깨친 사람들이 생겨서 더욱 활기가 넘쳤습니다.

준하는 강습회를 해 나가면서 오히려 배우는 게 더 많았습니다. 자기가 가르치는 것보다 두 배 세 배로 배웠습니다. 먼저 순박한 농민들에게서 우리 민족의 아름다운 마음씨와 정직함을 배웠습니다. 그리고 헐벗고 굶주리는 농민들을 보며 그들이 잘살게 될 해방된 새 나라를 어서 빨리 이루어야 한다는 걸 느꼈습니다.

'독립만이 우리가 살 길이야. 독립이 아니면 우리는 모두 노예인 거야.'

그러나 준하가 중학교 1학년 때 시작한 한글 강습회는 3학년 여름으로 끝났습니다. 일본 침략자들이 조선 안에서는 어떤 강습회도 열지 못하게 했기 때문입니다.

일본인들의 탄압은 날이 갈수록 심해졌습니다. 일본

은 조선을 침략한 것만으로는 만족하지 못했습니다. 아시아의 여러 나라를 넘보며 침략 전쟁을 벌였습니다.

전쟁을 하려면 엄청난 양식과 물자가 필요합니다. 그런데 작은 섬나라 일본에는 자원이 별로 없었습니다. 그래서 힘없는 조선은 좋은 먹잇감이 되었습니다.

일본 침략자들은 조선인들이 피땀 흘려 가꾼 식량뿐만 아니라 전쟁에 필요한 것은 모조리 휩쓸어 갔습니다. 그뿐이 아니었습니다. 일본은 남자와 여자를 가리지 않고 조선의 젊은이들을 전쟁터로 내몰았습니다. 심지어는 소학교 학생들한테도 강제 노동을 시켰습니다. 소학생들은 공부 시간에도 솔방울을 줍거나 관솔을 꺾고 송진 받는 일을 했습니다. 모두가 전쟁 물자를 만드는 원료들입니다.

마침내 일본 침략자들은 조선 민족을 없애 버리고 영원히 자기들의 노예로 만들기 위해 날뛰었습니다. 우리말과 글을 쓰거나 가르치지 못하게 하고, 자기들의 신을 모시는 사당인 신사에 강제로 절하고 따르게 했습니다.

"우리는 기독교 학교입니다. 예수님을 믿는 우리가 당신들이 받드는 신 앞에서 절을 할 수는 없어요."

신성중학교 교사와 학생들은 일본에 맞서 신사 참배를 거부했습니다. 장이욱 선생님과 준하의 아버지 장석인 선생님이 앞장을 섰습니다.

 어느 날 순사들이 학교로 들이닥쳤습니다. 순사들은 다짜고짜 장이욱 선생님을 붙들어 갔습니다. 독립운동을 했다는 죄였지요. 장이욱 선생님은 경성으로 끌려가 서대문 형무소에 갇혔습니다.

 준하는 교장 선생님이 끌려가는 모습을 보고 참을 수가 없었습니다. 아무리 맨손뿐인 학생이었지만 가만 있을 수 없다는 생각이 들었습니다.

 "빼앗긴 나라를 되찾고 독립을 이루자는 가르침이 왜 죄가 됩니까? 우리는 이제부터 거짓으로 가득 찬 침략자의 교육을 받지 맙시다."

 준하는 친구들 앞에서 외쳤습니다. 손에는 일본말로 된 교과서가 들려 있었습니다. 준하는 망설임 없이 교과서를 찢기 시작했습니다. 찢어진 교과서 조각들이 준하의 발밑으로 떨어져 수북이 쌓였습니다.

 "나도 이런 책 따윈 찢어 버리겠어."

 "나도!"

"나도 하겠어!"

여기저기서 몇몇 친구들이 일어섰습니다. 친구들도 교과서를 찢기 시작했습니다. 그러자 교실 안은 순식간에 책 찢는 소리로 가득 찼습니다.

부우욱 부우욱.

준하와 친구들은 가슴속까지 후련해지는 통쾌함을 맛보았습니다.

그날 수업이 끝난 뒤 준하와 다섯 친구가 따로 남았습니다. 그들은 학교를 빠져나와 뒷산에 올랐습니다. 꼭대기까지 오른 여섯 친구들이 서로 마주 보며 둘러앉았습니다.

"이제부터 우리가 할 일을 생각해 보자. 앞으로 우리는 어떻게 해야 할까?"

"침략자들과 맞서 싸워야지. 교장 선생님도 구해 내고."

"그래 맞아. 왜놈들을 모조리 몰아내야 해. 싹 쓸어버려야 한다구."

여섯 친구들은 저마다 생각나는 대로 한마디씩 꺼냈습니다. 일본 침략자들과 싸워야 한다는 데에는 모두 똑

같은 생각이었습니다.

그때 한 친구가 심각하게 되물었습니다.

"잠깐! 왜놈들과 싸워야 한다는 건 우리 모두가 다 아는 사실이야. 우리나라가 독립해야 한다는 것도. 그러면 우리가 지금 당장 뭘 어떻게 해야 할까? 준하야, 네가 먼저 말해 볼래?"

"……."

친구의 물음에 준하는 갑자기 말문이 막혔습니다. 참으로 모를 일이었습니다. 조금 전까지만 해도 준하는 온통 자신감에 차 있었는데, 친구의 물음에 답할 말이 떠오르지 않았습니다. 그건 다른 친구들도 마찬가지였습니다.

한동안 침묵이 흐른 뒤, 물음을 던진 친구가 다시 말을 꺼냈습니다.

"우리는 맨손뿐이야. 아직 우리는 침략자와 맞서 싸울 힘이 없어. 하지만 우리가 어른이 되면 독립운동에 몸을 바치겠다고 다짐하자."

"좋아! 지금 이 자리에서 약속해. 그 뜻으로 만세를 부르자."

준하는 친구의 말에 찬성했습니다.

"대한 독립 만세! 만세! 만세!"

만세를 외치고 난 준하와 친구들은 애국가와 〈아리랑〉을 불렀습니다. 노래가 끝나면 다시 불렀습니다. 나중에는 싸우기라도 하듯 목이 터져라 소리쳤습니다. 모두들 두 눈에서 뜨거운 눈물이 흘렀습니다. 실컷 울고 나서 준하와 친구들은 산을 내려왔습니다. 모두들 눈자위가 붉어지고 목이 쉬었습니다.

친구들과 헤어진 준하는 문구점에 들러 우리나라 전체가 나온 커다란 지도 한 장을 산 뒤 사진관으로 달려갔습니다. 준하는 사진을 찍기 전에 뒤쪽 벽에다 지도를 붙였습니다.

그걸 보고 사진사가 이상하다는 얼굴로 물었습니다.

"뭐 하는 거니?"

"아저씨, 이 지도가 잘 나오도록 찍어 주세요. 부탁합니다."

준하는 사진사가 묻는 말에 더는 대꾸하지 않고 결연한 표정으로 지도 앞에 섰습니다. '펑' 하고 플래시가 터지는 소리를 들으며 준하는 마음속으로 외쳤습니다.

'내 마음과 조국은 하나야. 그 누구도 갈라놓을 수 없어!'

젊은 선생님

"이번에 중학교를 졸업하면 도쿄의 니혼신학교에 진학하고 싶습니다. 아버지를 따라 목회자의 길을 가겠어요. 꼭 허락해 주십시오."

희미한 등잔불이 문틈을 비집고 들어온 바람결에 흔들렸습니다. 그때마다 벽에 비친 두 사람의 그림자가 가볍게 몸을 떨었습니다.

양 어깨가 떡 벌어진 청년의 그림자는 앞을 바라보고 있었습니다. 또다른 그림자는 조금 고개를 숙인 채 생각에 잠겨 있는 듯했습니다. 두 그림자는 바로 장준하와 아버지였습니다.

"네 뜻은 잘 알겠으나 지금 집안 형편이 말이 아니구

나. 나 역시 네가 원하는 공부를 시켜 주고 싶은 마음이야 굴뚝같다만……."

아버지는 뒷말을 흐렸습니다. 장준하도 말이 없었습니다. 이윽고 장준하는 결심한 듯 말했습니다.

"아버지의 말씀은 잘 알았습니다. 제가 할 일을 다시 생각해 보겠습니다."

그날부터 장준하는 고민에 빠졌습니다. 집안 형편이 어려운 건 잘 알고 있었습니다. 아버지가 신사 참배를 거부하자 일본 경찰이 신성중학교에서 아버지를 쫓아냈기 때문입니다.

그 뒤 아버지는 시골 교회에서 전도사로 일했습니다. 학교 교사였을 때는 월급이 100원이었지만, 시골 교회 전도사는 한 달에 겨우 30원을 받았습니다.

'지금 아버지는 나보다 더 괴로우실 거야. 더 이상 아버지를 괴롭히지 말자. 보람된 일을 하다 보면 신학교에 갈 기회가 오겠지.'

중학교를 졸업하고 나서 며칠 뒤, 장준하는 부모님 앞으로 편지 한 통을 남기고 집을 떠났습니다.

걱정을 끼쳐 드려 죄송합니다. 저는 오늘 제가 할 일을 찾아서 떠납니다. 어딘가에 제가 할 수 있는 보람된 일이 있을 거라고 생각합니다. 아무 걱정 마시고 안녕히 계십시오. 곧 연락드리겠습니다.

아들 준하 올림

장준하에게는 한 가지 계획이 있었습니다. 어차피 당장의 일본 유학은 어렵게 되었으니, 차라리 농촌으로 가서 가난한 아이들을 가르쳐 보고 싶었습니다.

장준하가 이런 결심을 하게 된 데에는 한글 강습회를 해 본 경험이 밑바탕이 되었습니다. 소설가 심훈이 쓴 『상록수』를 읽고 감동을 받은 까닭도 있지요. 『상록수』는 뜻있는 청년들이 농촌으로 들어가 농민들을 위해 일하고 가르치는 이야기를 그린 소설입니다.

장준하가 찾아간 곳은 선천에서 가까운 정주였습니다. 장준하는 이름만 들어서 알고 있는 신안소학교로 무턱대고 찾아갔습니다.

신안소학교는 기독교 장로인 노광근 선생님이 세운

심훈의 장편소설 『상록수』는 일제강점기에 농촌계몽운동과 민족주의를 고취시켰습니다. 사진은 『상록수』와 심훈입니다.

학교였습니다. 장준하는 먼저 노광근 선생님을 만나 자기가 찾아온 뜻을 말했습니다.

"저는 삭주에 사는 장준하입니다. 이번에 선천 신성중학교를 졸업했는데, 이 학교에서 일하고 싶습니다. 열심히 하겠으니 꼭 받아 주십시오."

"허허허, 이런……!"

노광근 선생님은 장준하를 보고 껄껄 웃었습니다. 처음 본 청년이지만 용기 있는 모습이 마음에 들었습니다. 잠시 이야기를 나눈 뒤 노광근 선생님은 시원스럽게 허락해 주었습니다. 이렇게 해서 장준하는 소학교 교사가 되었습니다.

신안소학교는 교회에 딸린 아주 작은 학교였습니다. 학생들은 모두가 가난한 가정의 아이들이었고요. 학교도 아이들만큼이나 가난해서 말이 학교지 거의 창고 같았습니다.

교실 유리창은 깨진 게 더 많아 더덕더덕 신문지를 발라 놓았습니다. 석회를 칠한 벽은 사방에 금이 가고 구멍이 나서 바람이 들이쳤습니다. 비라도 오는 날이면 천장에서 떨어지는 빗물 때문에 수업을 하기조차 어려운 지경이었습니다.

'이런 곳이라야 더욱 보람을 얻을 수 있겠지.'

장준하는 금세라도 쓰러질 듯한 학교 건물을 바라보며 오히려 힘을 얻었습니다. 장준하는 낡은 학교 건물을 헐어 내고 새로 짓기로 마음먹었습니다. 하지만 장준하가 이런 말을 꺼냈을 때, 선뜻 찬성해 주는 동료 는 아무도 없었습니다.

"장 선생, 도대체 무슨 수로 새 건물을 짓겠다는 겁니까?"

"그러게 말입니다. 뜻만 있다고 할 수 있는 일이 아니에요."

하지만 장준하는 생각이 달랐습니다.

"우리가 뜻만 단단히 세우면 못 할 일도 아니라고 봐요. 저를 믿어 주시면 최선을 다해 보겠습니다."

마침 장준하는 졸업반 담임 교사였습니다. 졸업반에는 늦게 입학한 학생들이 많아서 열예닐곱 살 먹은 학생들도 있었습니다. 몸집이 크고 힘이 좋아 보이는 학생들을 바라보며 장준하는 용기를 얻었습니다. 학생들도 새 선생님이 내놓은 계획을 적극 따라 주었습니다.

다음 날부터 장준하와 학생들은 공부가 끝나면 손에 손에 괭이와 삽을 들고 학교 뒷동산으로 모였습니다. 먼저 뒷동산 언덕을 깎아 내고 터를 닦는 일부터 했습니다. 땅을 고르고 돌을 들어냈습니다.

처음에 그들이 일하는 모습은 마치 개미들이 커다란 바위를 옮기려는 것처럼 보였습니다. 그러나 하루 이틀이 지나고 한 달 두 달이 흘러 한 학기가 지나자 놀라운 일이 벌어졌습니다. 어느새 뒷동산 언덕은 축구장만 한 운동장으로 바뀌기 시작했습니다.

"선생님, 저희들도 돕겠습니다."

어느 날 교회 청년들이 삽과 괭이를 들고 몰려왔습니

다. 청년들은 장준하와 어린 학생들이 꾸준히 애쓰는 모습을 보고 감명을 받은 것입니다.

장준하와 학생들이 힘을 합쳐 커다란 운동장을 닦았다는 소문이 퍼지자 학부모들도 나서서 돕기 시작했습니다. 학부모들은 서로 의논해 목수를 불러왔습니다. 청년들은 나무를 찍고 학생들은 돌과 모래를 날랐습니다.

마침내 새 건물이 완성되었습니다.

"와아! 우리가 해냈어."

"우리 손으로 넓은 운동장을 만들고 건물을 세우다니, 믿을 수가 없어!"

학생들은 자기들이 이루어 놓은 일이 놀랍기도 하고 기쁘기도 했습니다. 어떤 학생은 옷이 더러워지는 것도 아랑곳 않고 운동장 위를 데굴데굴 구르기까지 했습니다.

"우리 기념으로 운동회를 열어 보자. 축구 시합도 하고, 달리기도 하고······."

"와아, 우리 선생님 최고다!"

이렇게 해서 신안소학교가 생긴 이래 처음으로 운동회가 열렸습니다. 운동회 날에는 학부모는 물론이고 동네 사람들까지 학생들과 어울려 마음껏 놀았습니다. 즐거워하는 사람들을 바라보는 장준하는 뿌듯하고 자랑스러웠습니다.

"장 선생, 정말 수고 많았어요. 장 선생이 아니었으면 누가 이런 일을 할 수 있을까요?"

"아닙니다. 저는 그저 입으로 떠들기만 했는걸요. 학생들 스스로 한 일입니다."

노광근 선생님의 칭찬에 장준하는 쑥스러웠습니다.

"참, 지금 장 선생은 어디서 살고 있지요?"

"혼자서 하숙을 하고 있는데요."

"저런! 내가 좋은 집을 소개해 줄게요. 내 누이 집인데, 마침 그 집에 빈방이 있거든요. 아무래도 아는 집에서 지내는 게 더 나을 거예요."

신안소학교에는 장준하 말고도 총각 선생님이 두 사람 더 있었습니다. 노광근 선생님은 이 세 사람을 자기 누이 집에 소개했습니다.

장준하와 두 선생님이 살게 된 집은 부인과 딸 셋이서 사는 집이었습니다. 부인의 이름은 노선삼이었습니다. 노선삼 여사는 남편이 만주에서 독립운동을 하기 때문에 혼자서 세 딸을 키우고 있었습니다.

'훌륭하신 분이야. 홀몸으로 세 딸을 키우며 살아가다니. 그런데 만주에서 독립운동을 하신다는 남편 김준덕 선생은 누굴까? 일본군과 어떻게 싸우고 있을까?'

장준하는 노선삼 여사를 볼 때마다 궁금했지만 조심스러워 물어보지는 못했습니다. 혹시라도 이 집 남편이 독립운동을 한다는 소문이 퍼지기라도 하면 큰일이었습니다. 동네 사람들은 김준덕이 만주로 돈 벌러 갔다고만 알고 있었습니다.

노선삼 여사의 세 딸은 아직 어렸습니다. 그중 맏딸은 이름이 김희숙이었는데, 소학교 5학년 학생이었습니다. 초롱초롱한 눈이 샛별처럼 빛나는 해맑은 아이였습니다. 희숙은 유난히 장준하를 따랐습니다. 두 사람은 여덟 살이나 차이가 났지만 어느덧 오누이처럼 가까워졌습니다.

"아버지는 정말 만주로 돈 벌러 가셨을까요?"

하루는 희숙이 아주 진지한 얼굴로 물어 왔습니다. 장준하는 아버지를 그리워하는 희숙이 안쓰러웠지만 사실대로 얘기해 줄 수는 없었습니다.

"그럴 거야."

"그럼 언제 오시는데요?"

"글쎄, 아마도 돈 많이 벌면 오시겠지."

"우리 집이 가난하지도 않은데, 왜 만주까지 돈을 벌러 가셨을까요? 만주는 말 탄 도적들이 떼를 지어 다니면서 사람을 해친대요."

"누가 그러던?"

"우리 선생님이요."

장준하는 희숙의 질문에 뭐라고 설명해 주어야 할지 얼른 좋은 대답이 생각나지 않았습니다.

'언제나 우리나라가 독립이 되어 헤어져 살아가는 식구들이 다시 만날 수 있을까? 같은 식구한테조차 거짓말을 하지 않을 수 없는 이런 세상이 언제쯤 끝날까?'

장준하는 희숙이 자기만 빤히 바라보고 있는 것도 잊고 생각에 잠겼습니다.

일본 유학

부우웅 부우우웅.

부산항을 떠난 배는 힘찬 뱃고동을 울렸습니다. 떠나기가 슬퍼서 우는 소리 같기도 했고, 드넓은 바다로 나가는 기쁨에 외치는 소리 같기도 했습니다.

하지만 뱃고동 소리는 곧 바닷바람에 휩쓸려 흩어졌습니다. 그 대신 여객선에 부딪치는 물살의 아우성이 끊임없이 귓가를 맴돌았습니다.

장준하는 갑판 위에 서서 점점 멀어지는 부산항을 바라보았습니다. 사람들이 멀어지고 집이 멀어졌습니다. 나중에는 잇닿은 산봉우리들조차 가느다란 띠처럼 보이더니 마침내 사라져 버렸습니다.

조국 땅이 보이지 않으니 눈앞에 그리운 사람들의 얼굴이 떠올랐습니다. 할아버지와 아버지, 기차역에서 손을 흔들던 동생 명하와 익하, 창하……. 장학금을 주며 격려해 주던 노광근 선생님과 노선삼 여사 그리고 착한 김희숙도 생각났습니다.

장준하를 실은 여객선은 바다 위에서 하룻밤을 새우고, 다음 날 낮 일본 시모노세키 항에 닿았습니다. 장준하는 시모노세키에서 다시 도쿄로 가는 기차를 탔습니다. 도쿄행 기차는 한쪽에 바다를 끼고 동쪽으로만 달렸습니다.

'산천이 아름답기는 조선이나 일본이나 마찬가지구나. 이렇듯 아름다운 땅에서 살아온 사람들이 어째서 폭력만 앞세우는 침략자가 됐을까?'

장준하는 차창으로 지나치는 풍경을 바라보며 깊은 시름에 잠겼습니다.

도쿄에 온 장준하는 도요대학교 철학과 예과에 입학했습니다. 장준하의 목표는 니혼신학교에 입학하는 것이었습니다. 그런데 중학교를 졸업한 장준하는 대학 예과를 졸업해야 정식으로 대학생이 될 수 있었습니다.

도쿄로 유학한 장준하가 신학교 친구들과 함께 찍은 사진입니다.
왼쪽에서 두 번째가 장준하입니다.

 지금까지 조선 땅 평안도에서만 살아온 장준하에게는 일본의 모든 것이 신기하기만 했습니다. 중학교 때 처음 평양을 봤을 때와는 하늘과 땅 차이였습니다. 장준하는 끝없이 들어선 일본식 기와집과 서양식 고층 건물 그리고 번화한 거리 모습을 보며 생각에 잠겼습니다.
 '과연 일본은 발전한 나라구나. 일본이 이렇게 발전하는 동안 조선은 잠을 자고 있었던 거야. 그러지 않고 국력을 키웠다면 나라를 빼앗기지는 않았을 텐데…….'

장준하는 유학생이었지만, 공부에만 전념할 형편이 못 되었습니다. 고향에서 아버지가 보내 주는 학비가 얼마 되지 않았기 때문입니다. 노광근 선생 같은 뜻있는 분들의 도움도 늘 있는 게 아니었습니다.

모자라는 학비는 장준하 스스로 벌어야 했습니다. 그래서 학교 공부가 끝나면 도서관이 아니라 공사장으로 달려갔습니다. 공사장이 바로 장준하가 학비를 버는 일터였습니다.

모래와 벽돌을 져 나르고 시멘트 반죽을 했습니다. 그렇게 공사장에서 일을 마치고 나면 어깨가 빠져나갈 것 같고 온몸이 쑤시고 아파 왔습니다.

하숙집에 돌아와도 쉴 수만은 없었습니다. 장준하는 찬물이 담긴 대야를 옆에 놓고 공부했습니다. 졸릴 때마다 찬물로 얼굴을 문질러 댔습니다. 그래도 졸음이 가시지 않으면 벌떡 일어나 방 안을 서성이며 큰 소리로 성경을 낭독했습니다.

"마음이 청결한 자는 복이 있나니 저희가 하나님을 볼 것이오. 화평케 하는 자는 복이 있나니 저희가 하나님의 아들이라 일컬음을 받을 것이오. 의를 위하여 핍박을 받은 자는 복이 있나니 천국이 저희 것이라……."

성경을 낭독하다 보면 금세 맑은 정신을 되찾을 수 있었습니다. 알 수 없는 힘이 가슴에서 일어나 온몸으로 퍼졌습니다. 그러면 다시 성경을 덮고 책상 앞에 앉았습니다.

바쁜 장준하도 일요일 오후에는 쉴 수 있었습니다. 낮 시간에 교회를 다녀오면 늦은 오후부터는 자유 시간이었습니다. 그런 때면 친구들과 어울려 공원이나 밤거리로 산책을 나가기도 했습니다.

그런데 일요일 밤이면 장준하가 꼭 하는 일 하나가 있었습니다. 바로 편지를 쓰는 일이었습니다. 편지를 쓰는 대상은 일주일마다 바뀌었습니다. 이번 주는 할아버지, 다음 주는 어머니 하고 말이지요. 하지만 꼭 한 사람, 한 번도 빠뜨리지 않는 사람이 있었습니다. 바로 김희숙이었습니다.

희숙은 어느덧 어엿한 여학교 학생이 되어 있었습니다. 장준하는 해맑은 희숙의 얼굴을 생각하면 빙그레 웃음이 번지곤 했습니다.

희숙에게 보내는 편지에서는 다른 사람에게 하기 어

려운 얘기도 마음껏 털어놓을 수 있었습니다. 때로는 동생에게 얘기하듯 때로는 친구에게 고민을 털어놓듯, 가슴에 묻어 둔 이야기가 술술 풀려 나왔습니다.

'조선 평안북도 선천군 보성여학교 2학년 김희숙 앞.'

장준하가 보내는 편지는 토요일마다 보성여학교 희숙의 책상 위로 배달되었습니다. 장준하의 힘찬 글씨를 대할 때마다 희숙은 심장 박동 소리가 높아지는 걸 느꼈습니다.

조선 땅 선천과 일본 땅 도쿄는 수천 리나 떨어져 있었지만, 두 사람은 일주일마다 한 번씩 서로의 마음속으로 들어가 볼 수 있었습니다. 장준하는 가끔 편지 대신 소포를 보내기도 했습니다. 소포 속에는 언제나 책이 들어 있었습니다.

'용돈도 없으면서 무슨 책을 다 사 보낸담?'

희숙은 힘겹게 공부하는 장준하를 생각하며 미안함과 고마움을 함께 느꼈습니다. 그래서 더욱 소중하게 책을 읽었고, 답장할 때는 소감을 써 보내는 걸 잊지 않았습니다.

도쿄 생활 1년 만에 장준하는 마침내 니혼신학교에

들어갔습니다. 몸과 마음을 바쳐 얻은 소중한 열매였습니다. 이때부터 장준하는 학교 기숙사에서 지냈습니다. 생활도 예전보다 나아졌습니다. 조선 기독교 단체에서 장학금을 보내 주었기 때문입니다.

일요일이면 장준하는 조선인 교회에 나갔습니다. 그 교회의 학교에서 동포 어린이들을 지도하는 반사(교사)로 열심히 봉사했습니다. 또 같은 조선인 유학생이자 신학교 동료들인 박봉랑, 문익환, 문동환과 함께 어울렸습니다. 이 세 사람은 나중에 유명한 목사가 되었고, 우리나라의 민주주의를 위해 애쓴 분들이지요.

하지만 나라 잃은 조선인 신학도 장준하에게 찾아온 작은 평화는 그리 오래가지 않았습니다.

1937년부터 일본은 중국과 침략 전쟁을 하고 있었습니다. 몇 해 뒤에는 다른 아시아 나라도 침략했고, 미국 하와이 섬의 진주만을 공격해 미국까지 적으로 삼았습니다. 이른바 태평양 전쟁을 벌인 것입니다.

태평양 전쟁을 일으킨 일본은 조선을 더욱 괴롭혔습니다. 조금이라도 저항하는 사람은 닥치는 대로 잡아 가두었고, 조선의 젊은이들을 마구 전쟁터로 끌고 갔습니다. 조선 청년들은 전쟁터에서 총알받이로 죽어 갔습니다.

그런데 세계 평화를 지키려는 여러 나라가 일본에 대항하면서 일본 군대는 곳곳에서 패하기 시작했습니다. 전세는 날이 갈수록 일본에 불리해졌습니다. 그럴수록 일본은 더욱 발악을 했습니다.

도쿄 거리에는 늘 전쟁 기운이 넘쳐흘렀습니다.

"천황 폐하를 위해 나가서 죽자!"

"대일본제국과 천황 폐하의 은공에 보답하자!"

거리를 달리는 트럭마다 온갖 표어를 요란스럽게 붙이고 있었습니다. 트럭에는 전쟁터로 나가는 청년들이 가득했습니다. 라디오 방송은 하루 종일 군가와 행진곡을 틀어 주며 일본 군대가 이기고 있다는 거짓 뉴스만 내보냈습니다.

'아, 모두들 전쟁에 미쳤어. 불쌍한 건 우리 동포들이지. 이런 때에 나는 편하게 공부만 하고 있어야 한단 말인가? 조국의 동포들은 지금 얼마나 고통을 받으며 시달리고 있을까?'

소란스러운 도쿄 거리를 헤매며 장준하는 고민에 휩

싸이곤 했습니다. 굶주림과 채찍 아래 신음하고 있는 동포들의 모습이 눈앞에 아른거렸습니다.

깨어진 신학도의 꿈

"어둠이 깊을수록 새벽이 가까운 법입니다. 우리 주 예수 그리스도께서는 말씀하셨습니다. '박해를 각오하고 두려워하지 마라. 육신은 죽여도 영혼은 죽이지 못하는 사람들을 두려워하지 마라. 영혼과 육신을 아울러 지옥에 던져 멸망시킬 수 있는 분을 두려워하여라…….'"

장준하는 아버지의 설교를 들으며 예배당 맨 앞줄에 앉아 숨을 모았습니다. 아래층 유아원에서 아이들이 풍금 반주에 맞춰 부르는 찬송가 소리가 아련히 들려왔습니다.

'그래, 아무것도 두려워하지 말자. 악의 무리들이 내 육신은 죽여도 영혼은 결코 죽이지 못하리라.'

장준하는 깍지 낀 두 손에 힘을 주었습니다. 손가락 마디에서 우두둑 소리가 났습니다.
　장준하는 옆에 앉은 아내를 바라보았습니다. 아내 김희숙은 두 눈을 지그시 감고 있었습니다. 햇살이 아내의 볼에 어른거렸습니다. 얼굴이 아주 평화로워 보였습니다. 아내의 얼굴을 바라보는 장준하의 머릿속에 지난 일들이 떠오르기 시작했습니다.

　지난여름, 스물다섯 꿈 많은 신학도 장준하는 방학을 맞아 고향을 찾았습니다. 아버지가 대관 교회 목사로 부임해서 식구들은 모두 대관으로 이사해 있었습니다.
　"그동안 별고 없으셨는지요?"
　"어서 오너라. 낯선 땅에서 고생 많았다."
　장준하는 아버지가 갑자기 늙어 보였습니다. 어딘지 수심에 잠긴 얼굴이었고요. 장준하는 아버지의 귀밑머리에 생긴 흰머리를 바라보았습니다.
　"무슨 걱정이라도……."
　"아니다. 주님 말씀에 따라 사는 내가 무슨 걱정을 담아 두겠느냐?"

아버지는 아니라고 했지만, 장준하는 아버지 마음을 훤히 읽고 있었습니다. 아버지는 바로 아들 걱정에 빠져 있으니까요. 장준하가 곧 학병에 나가야 하기 때문입니다.

학병이란 일본 침략자들이 조선 학생을 전쟁터로 끌고 가려고 만든 제도였습니다.

"아무 걱정 마십시오. 저는 벌써 각오가 되어 있습니다."

"고맙구나……."

장준하는 여름 방학이 끝나고도 도쿄로 가지 않았습니다. 그 대신 학병에 끌려갈 날만 기다렸습니다. 장준하는 시름에 잠긴 채 가을을 맞았습니다.

'총을 들고 왜놈과 싸우지는 못할망정 그놈들을 위해 목숨을 버려야 하다니. 침략자의 앞잡이가 되어 죄 없는 다른 민족을 학살해야 하다니.'

하지만 도망칠 수도 없었습니다. 도망친들 어디로 가야 할지도 몰랐습니다. 아니, 자기만 살겠다고 도망쳐서 식구들을 일본 경찰에게 시달리게 할 수는 없었습니다. 이렇게 장준하가 답답하고 어두운 하루하루를 보내고 있을 때, 부모님은 부모님대로 다른 근심에 빠졌습니다.

"스물다섯 살이나 된 집안의 종손을 장가도 못 보내고 전쟁터로 보낼 수는 없어요."

어머니는 틈만 나면 큰아들 장가보낼 걱정을 했습니다. 그건 아버지도 마찬가지였습니다. 가을이 깊어 갈수록 부모님의 걱정도 깊어 갔습니다. 하지만 뾰족한 수가 없었습니다. 미리 점찍어 둔 색시도 없을뿐더러 아들 의견도 들어 봐야 하니까요.

"우리, 준하에게 물어보기라도 합시다. 준하는 생각이 깊고 뜻이 분명하니 무슨 꿍꿍이라도 있는지 모르지 않소."

마침내 부모님은 장준하를 불러 넌지시 결혼 얘기를 꺼냈습니다. 하지만 아들의 대답은 간단했습니다.

"저는 지금 결혼할 수 없습니다."

"그게 무슨 소리냐? 지금 네 나이가 몇인 줄 알고. 다른 친구들 좀 봐라. 벌써 소학교에 다니는 자식을 둔 사람도 있어."

"저는 언제 학병으로 끌려가게 될지 모릅니다. 끌려가면 살아서 돌아올 기약도 없어요. 그런데 어떻게 결혼을 할 수 있겠습니까?"

"그런 소리를 어찌 부모 앞에서 함부로 한단 말이냐? 사람의 운명이란 사람이 결정하는 게 아니다. 그럴수록 앞날을 생각해야지."

장준하는 부모님의 바람을 쉽사리 저버릴 수 없었습니다. 지금껏 효도 한번 못 했으니 마지막 효도가 될지도 모릅니다. 그리고 그에게는 사랑하는 사람도 있었습니다. 바로 김희숙이었습니다. 그는 긴 생각 끝에 김희숙을 만나 얘기를 나눴고, 둘은 서로의 마음을 확인하고 결혼을 결심했습니다.

그런데 정작 장준하가 김희숙과 결혼하겠다고 했을 때, 부모님은 그다지 반기지 않았습니다. 그건 노선삼 여사도 마찬가지였습니다. 오히려 노선삼 여사는 크게 반대했습니다.

"우리 집안은 줄곧 천주교를 믿어 왔어요. 그런데 장 선생은 기독교 신학도잖아요? 게다가 우리 희숙이는 아직 어려요. 장 선생과는 나이 차이도 너무 많이 나고요. 저는 이 결혼을 바라지 않아요."

그때 김희숙은 보성여학교 졸업반 학생으로 열일곱

살이었습니다. 하지만 장준하는 종교나 나이 차이는 중요하지 않다고 생각했습니다. 두 사람이 결혼해서 살아가는 데에는 사랑이 가장 중요하다고 믿었습니다.

"천주교나 기독교나 하나님은 한 분뿐입니다. 그리고 사랑도 없이 나이나 집안만 보고 결혼한다면 행복할 수 없습니다. 저를 믿고 결혼을 허락해 주십시오."

장준하는 노선삼 여사를 간곡하게 졸랐습니다. 한편으로는 부모님을 설득했고요. 장준하의 끈질긴 태도에 양쪽 부모님은 마침내 지고 말았습니다.

1943년 11월 30일, 장준하와 김희숙은 아버지 장석인 목사의 주례로 혼례를 올렸습니다. 겨울이 일찍 찾아오는 북쪽 지방답게 그날은 시린 북쪽 바람이 몹시 불었습니다.

혼례를 올린 두 사람은 대관 교회에서 부모님을 모시고 살았습니다. 사랑으로 가득 찬 행복한 신혼 생활은 꿈만 같았습니다. 그러나 그것도 잠시였습니다.

결혼식을 치르기 전에 장준하는 학병으로 입영하라는 통지서를 벌써 받았습니다.

'학병 입영 통지서.'

통지서를 본 순간, 장준하는 천 길 낭떠러지로 떨어지듯 어지럼증이 일었습니다. 눈을 씻고 다시 보았지만, 분명히 자기 이름 석 자가 또렷하게 쓰여 있었습니다.

입영 통지서라는 종이 한 장이 장준하의 인생을 결정해 버렸습니다. 이제 그에게 신학도의 길은 사라지고 말았습니다. 대신 일본 군인이 될 어두운 길이 기다리고 있었습니다.

예배를 마치고 장준하와 김희숙은 교회 뒷길을 걸었습니다. 김희숙은 말없이 장준하만 뒤따르고 있었습니다. 내일이면 장준하는 전쟁터로 떠나야 합니다. 두 사람 사이에는 침묵이 무겁게 가로놓여 있었습니다.

장준하는 말 없는 아내를 보니 가슴이 찢어지듯 아팠습니다. 자기가 먼저 무슨 말이든 해야 된다고 생각했습니다. 이윽고 그는 예배 시간부터 줄곧 생각해 두었던 말을 어렵게 꺼냈습니다.

"아무 걱정 마오."

"……."

"부모님 잘 모시고 그저 몸 건강히 지내요. 내 걱정은 말고."

"……."

김희숙은 뭐라고 대답하고 싶었지만, 한 마디도 떠오르지 않았습니다. 자기야 어떻게든 잘 지내겠지만 전쟁터로 끌려가는 남편은 어찌 될까? 지금 남편의 마음은 오죽할까? 아무 걱정하지 말라는 말이 입가에서 맴돌다가 사라져 버렸습니다.

"나는 식구들을 생각해서 고분고분 끌려가기로 작정했소. 아버지가 신사 참배를 거부해서 왜놈들한테 감시를 당하고 있지 않소? 하지만 나는 왜놈들 총알받이 노릇은 하지 않을 거요."

"그럼 입대한 다음 탈출이라도……?"

김희숙의 입에서 탈출이라는 말이 나오자, 장준하는 얼른 입에 손가락을 갖다 댔습니다.

"쉬잇! 그런 말을 함부로 하면 안 되오. 어쨌든 나는 학병에 들어가서 중국으로 지원하겠소. 반드시 중국으로 가겠으니 그렇게만 아시오. 그다음 일은 내가 편지로 알려 줄 테니 편지를 잘 읽어 주오. 그러면 알게 될 거요."

장준하는 김희숙의 손을 꼭 쥐었습니다. 억센 힘과 따뜻한 기운이 김희숙에게 전해졌습니다. 김희숙은 조용히 고개를 끄덕였습니다.

탈출

정거장은 수많은 사람들로 그득했습니다. 학병 가족도 있었지만 군수나 경찰서장 같은 사람들도 나와 있었습니다.

"학병 입대를 축하한다!"

"천황 폐하를 위해 목숨을 바치자!"

정거장 벽에는 일본 침략자들과 그들의 앞잡이들이 걸어 놓은 걸개막들이 휘날렸습니다. 그들은 조선 청년이 일본 왕을 위해 목숨을 바치는 일은 크나큰 영광이라고 침을 튀기며 말했습니다.

하지만 학병으로 끌려가는 조선 젊은이들은 도살장으로 끌려가는 소처럼 죽을상을 하고 있었습니다. 식구들도 끌려가는 자식들을 붙들고 하염없이 눈물을 흘렸습니다. 그런 모습을 바라보며 장준하는 식구들을 뿌리치고 혼자서 오기를 잘했다고 생각했습니다.

장준하가 집을 떠날 때, 마을 사람들은 환송회를 열어 주었습니다. 장준하는 인사말로 단 한마디만 했습니다.

"저는 이제부터 제가 해야 할 일을 찾아서 꼭 그 일을 마치고 돌아오겠습니다."

마을 사람들은 모두 슬퍼했지만, 일본의 앞잡이들은 이 말을 듣고 무척 좋아했습니다. 그들은 장준하가 한 말을 일본 왕에게 충성을 바치겠다는 뜻으로 들은 거지요. 하지만 장준하의 생각은 전혀 그게 아니었습니다. 조국 해방을 위해 자기가 할 일을 찾아보겠다는 뜻이었습니다.

"평양행 열차가 도착했습니다. 입영자 여러분은 즉시 승차하기 바랍니다."

빽빽 울리는 확성기 소리를 들으며 장준하는 재빨리 기차에 올랐습니다. 그러고는 창가에 앉아 아우성치는 사람들을 바라보았습니다. 사람들이 울부짖는 소리가 그의 가슴을 아프게 했습니다.

장준하는 무릎 위에 올려놓은 손가방을 꼬옥 그러쥐었습니다. 손가방 안에는 책 네 권이 들어 있었습니다. 일본어 성경과 그리스어 성경, 그리고 독일어 사전과 그리스어 사전이었습니다. 신학도 장준하에게는 분신과도 같은 책들이었습니다.

삐이이이익.

기차는 몸을 한번 크게 떨더니 기적을 울리며 떠났습니다.

'잘 있거라, 고향 산천아. 잘 있어요, 그리운 얼굴들. 우리는 해방된 나라에서 다시 만날 수 있겠지요.'

장준하는 눈에 힘을 주며 솟구치려는 눈물을 막았습니다.

평양 제42부대.

살을 에는 한겨울 추위 속에 장준하는 학병 훈련을 받기 시작했습니다. 소문대로 훈련은 지독하게 엄했습니다. 훈련이 끝나면 더 힘겨운 노동이 기다리고 있었습니다. 추위 속에서 말똥을 치우고 말발굽을 닦아 내는 일이었습니다.

한겨울에 맨손으로 마구간 일을 하다 보니 두 손이 온통 동상에 걸렸습니다. 손가락에 감각이 모두 없어지고 마디마디가 다 시렸습니다. 그중에서도 오른손 엄지손가락이 가장 심했습니다. 나중에는 몹시 부풀어올라 잠을 잘 수도 없을 만큼 아팠습니다. 성경을 읽어 가며 아픔을 참았지만 견디기가 몹시도 힘들었습니다. 마침내 장준하는 의무실로 달려갔습니다.

"이 지경이 되도록 어떻게 견뎠나? 곪았으니 째야겠는데."

중위 계급장을 단 일본인 의무관은 낯빛도 바꾸지 않고 말했습니다.

"그런데 지금 마취제가 없다. 꽤 아플 텐데 참을 수 있겠나?"

장준하는 의무관을 바라보았습니다. 두 사람의 눈이 잠깐 마주쳤습니다.

"…… 괜찮습니다."

잠깐 망설인 끝에 장준하가 대답했습니다. 그의 마음속에는 일본인 의무관에게 질 수 없다는 굳은 의지가 솟아올랐습니다.

　의무관은 말없이 수술칼을 들더니 알코올을 묻힌 솜에 한 번 쓱 문질렀습니다. 그러고는 장준하의 엄지손가락에 갖다 대었습니다. '싸악' 하고 살이 갈라지는 소리가 들리는 듯싶었습니다.

　그런데 이게 웬일입니까! 손가락에서는 고름이 아닌 새빨간 피만 줄줄 흘러내렸습니다. 의무관은 잠시 당황한 표정을 지었습니다. 하지만 다시 수술칼을 들었습니다.

　싸악 싸악 싸악.

　의무관은 엄지손가락을 빙 둘러 가며 다섯 번이나 칼을 댔습니다. 그래도 고름은 나오지 않았습니다. 의무관은 몹시 허둥댔습니다. 장준하는 이를 악물고 아픔을 참으며 피가 흘러내리는 엄지손가락을 내려다보고 있었습니다.

　의무관은 장준하의 손가락에 머큐로크롬을 통째로 뒤집어엎었습니다. 그러고는 붕대로 꽁꽁 동여맸습니다.

　"내가 외과 의사 생활을 10년 했는데, 너같이 지독한 놈은 처음 본다. 정말 대단한 놈이구나."

의무관은 붕대를 묶으며 거듭 감탄했습니다.

'내가 무슨 철인인 줄 아느냐? 왜놈 앞에서 차마 아프다는 소리를 하기 싫어서 참았을 뿐이다.'

장준하는 이렇게 목구멍까지 넘어오려는 말을 겨우 참았습니다.

잘못된 수술로 장준하는 더 고생을 했습니다. 통증이 오히려 심해졌습니다. 그래도 그는 오른손을 목에 잡아매고 훈련에 참가했습니다. 어떻게든 일본군에게 잘 보여야 자기가 바라는 대로 중국으로 갈 수 있기 때문입니다.

'중국으로 가는 선발대에만 들면 기필코 탈출해서 충칭에 있는 대한민국 임시 정부를 찾아가야지. 그 길만이 내가 조국의 아들로 살 길이야.'

장준하는 중국으로 가기만 하면 탈출해서 임시 정부를 찾아갈 수 있다고 믿었습니다. 그곳에서 독립군이 되어 일본 침략자와 맞서 싸울 생각이었습니다. 이런 굳센 의지로 하루하루 아픔을 이겨 나갈 수 있었습니다.

드디어 중국 선발대를 뽑는 날이 왔습니다. 학병 훈

련병들은 배낭을 꾸려 연병장에 모였습니다. 곧 부대장인 일본군 소좌가 나타났습니다.

부대장은 훈련병 사이를 돌다가 장준하를 발견했습니다.

"그 팔은 뭔가? 크게 다친 모양이군."

"아닙니다. 괜찮습니다."

"그래도 남아서 팔을 치료해라. 그러면 좀 편한 곳으로 보내 주겠다."

"아닙니다. 저는 꼭 이번에 가고 싶습니다. 부탁입니다."

"호오, 그래? 정말로 씩씩한 천황 폐하의 군인이로군. 좋다!"

장준하는 속으로 안도의 숨을 내쉬었습니다.

며칠 뒤, 장준하가 낀 학병 선발대는 평양을 떠나 중국 쉬저우로 갔습니다. 어둠 속을 뚫고 압록강 철교를 건너는 기차 안에서 장준하는 다시금 가슴에 숨겨 둔 계획을 되새겼습니다.

장준하는 며칠 전에 면회 온 아내에게도 자기 계획을 일러 주었습니다.

"중국에 가면 일주일에 한 번씩 편지하겠소. 만약 편지 끝에 성경 말씀이 적혀 있으면 그 편지가 마지막인 줄 아시오."

탈출이라는 말은 하지 않았지만, 아내는 얼굴이 백지장같이 하얘졌습니다. 아내도 그 말뜻을 눈치챈 것입니다.

중국 쉬저우에서 장준하는 츠카다 부대원이 되었습니다. 츠카다 부대는 탈출한 학병이 한 명도 없을 만큼 감시가 삼엄하기로 유명했습니다.

삼엄한 감시 속에서도 장준하는 탈출을 준비했습니다. 훈련을 받는 틈틈이 부대 근처 지리를 하나하나 머릿속에 담았습니다. 그의 머릿속에서는 조금씩 지도가 만들어졌습니다. 그새 봄이 가고, 여름이 왔습니다.

장준하는 자기와 뜻을 같이할 동료도 모았습니다. 같은 내무반에 있는 김영록과 윤경빈 그리고 홍석훈이었습니다. 네 사람은 감시를 피해 가며 뜻을 다졌습니다. 이제 기회를 잡는 일만 남았습니다.

마침내 좋은 기회가 왔습니다. 일본군이 중국을 침략한 기념일이 다가온 것입니다. 그날은 모든 훈련병이 오후 훈련을 취소하고 술을 마시며 쉴 거라는 사실도 알아냈습니다. 네 사람은 그날을 탈출하는 날로 정했습니다.

장준하는 약속한 대로 아내에게 편지를 썼습니다. 그는 편지 앞부분에 이렇게 썼습니다.

"앞이 보이지 않는 대륙에 발을 옮기며 내가 벨 돌베개를 찾고 있소."

여기서 '돌베개'는 구약 성경 「창세기」에서 따온 말입니다.

장준하는 탈출한 뒤의 자기 모습을 떠올려 보았습니다. 아마도 총을 들고 드넓은 중국 대륙을 달리며 찬 서리와 이슬을 맞아야 할 것입니다. 그때 자기가 베고 잘 베개는 돌베개밖에 없습니다. 돌베개라는 말에는 그런 뜻이 들어 있었습니다. 편지 끝에는 신약 성경 「로마서」 9장 3절에 나오는 한 구절을 자기 말처럼 바꾸어 써넣었습니다.

"나의 형제 곧 골육의 친척을 위하여 내 자신이 저주를 받아 그리스도에게서 끊어질지라도 원하는 바로다."

마침내 기다리던 7월 7일이 왔습니다. 그날도 오전에는 여느 날처럼 훈련을 받았습니다.

 훈련을 마치자, 교관이 말했습니다.

 "오후에는 훈련이 없다. 여러분도 알다시피 오늘은 대일본제국이 처음으로 중국 땅에 들어온 날이다. 그래서 천황 폐하께서는 특별히 귀한 선물을 내리셨다. 지금부터 편히 쉬도록!"

 "와아아!"

 교관의 말에 훈련병들은 환호성을 질렀습니다. 마치 명절이라도 맞은 듯한 분위기였습니다. 부대에서는 훈련병들에게 술과 담배를 나눠 주었습니다. 훈련병들은 셋씩 넷씩 모여 앉아 술을 마시고 담배를 피우며 모처럼 마음껏 쉬었습니다.

 장준하도 술을 마시며 떠들어 대는 훈련병들 사이에 끼여 있었습니다. 하지만 술을 마시지는 않고, 술잔을 입술에 살짝 댔다가 몰래 바닥에 쏟아 버리곤 했습니다.

 밤이 깊어 갈수록 훈련병들은 하나둘 술에 취하기 시작했습니다. 장준하는 술에 취한 병사들을 둘러보며 동료들에게 눈짓으로 신호를 보냈습니다. 동료들도 취한 척하며 눈짓을 받았습니다.

"이런, 모두들 정신없이 취했군. 좋다. 오늘 점호는 쉰다. 그 대신 지금부터 15분 안에 목욕을 마치고 즉시 취침하도록. 이상!"

내무반에 들어온 교관은 이렇게 명령을 내리고 돌아갔습니다. 그러자 훈련병들은 비틀거리며 일어나 목욕탕 쪽으로 몰려 나갔습니다.

하지만 장준하와 세 사람은 목욕탕과는 반대쪽으로 빠져나갔습니다. 그곳은 화장실 뒤였습니다. 어두운 밤인 데다 모두들 취해 있어서 네 사람이 빠져나온 걸 아무도 눈치채지 못했습니다.

"다시없는 좋은 기회이자 마지막 기회야. 먼저 각자 철조망을 넘어간 다음, 고구마밭을 지나 느티나무 밑에서 만나자. 시간은 딱 15분이야. 모두들 잘 알고 있지?"

장준하의 말에 세 사람은 고개를 끄덕였습니다. 모두들 온몸에 긴장이 흐르고 있었습니다. 말을 마치기가 무섭게 장준하는 땅에 찰싹 엎드려 철조망으로 기어갔습니다. 꼭 두꺼비가 기어가는 모습 같았습니다. 곧 철조망에 닿았습니다. 그는 망설이지 않고 높이가 3미터나 되는 철조망에 매달렸습니다.

철조망을 넘어 뛰어내린 장준하는 철조망 바깥에 깊이 파 놓은 구덩이로 굴러떨어졌습니다. 신음 소리조차 내서는 안 되었습니다. 다시 정신없이 구덩이를 기어올라 마구 달렸습니다.

그곳은 고구마밭이었습니다. 따다다당……. 총알이 등 뒤에서 날아오는 느낌이 왈칵 들었습니다. 하지만 그건 고구마 줄기가 발끝에 걸리면서 뚝뚝 끊어지는 소리였습니다. 장준하는 진짜로 총알에 쫓기듯 달음박질이 빨라졌습니다.

"아아, 준하!"

느티나무 밑에는 벌써 세 사람이 와 있었습니다. 그들은 와락 장준하에게 달려들었습니다.

"성공했네! 우리가 드디어 왜놈 군대를 탈출했어."

"모두들 다친 데는 없나?"

"그래. 하지만 다리가 부러졌더라도 하나도 안 아플 거야."

누군가의 말에 모두들 소리 없이 웃었습니다.

그러나 아직 긴장을 풀 수는 없었습니다. 츠카다 부대를 겨우 벗어났을 뿐이니까요. 하지만 지금 이 순간부터는 더 이상 일본군 학병이 아니었습니다. 그들은 조국의 자랑스러운 아들이었습니다.

끝없는 길

 일본군 부대를 탈출한 장준하와 세 동료를 맞아 준 건 캄캄한 어둠뿐이었습니다. 지난 몇 달 동안 익혀 두었건만, 방향조차 분간하기 힘들었습니다.
 "일단 여기서 멀리 벗어나야 해. 왜놈들이 곧 추격해 올 테니까."
 네 사람은 무작정 북쪽을 향해 걸었습니다. 만약 붙잡히기라도 하는 날에는 모두들 죽임을 당할 게 뻔했습니다. 네 사람은 낮이면 수수밭에 숨어 잠을 자고, 해가 지면 다시 길을 떠났습니다. 그렇게 사흘 내내 산과 들을 헤맸습니다. 먹을 거라곤 그동안 겨우 애기 수박 몇 개를 따 먹고 흙탕물을 마신 게 전부였습니다.

"저기 좀 보게나. 사람들이야."

사흘째 되던 날 아침이었습니다. 네 사람은 이른 아침에 논일을 나와 새참을 먹고 있는 중국인 농부들을 만났습니다. 겁도 났지만, 배가 하도 고파 농부들에게 다가갔습니다.

"먹을 것 좀 주시오."

장준하가 나서서 손짓 발짓으로 먹을 걸 달라는 시늉을 했습니다. 그러자 농부들은 고개를 끄덕이며 그릇을 내밀었습니다. 그릇에는 쩜빙이라는 중국 음식이 담겨 있었습니다. 네 사람은 고맙다는 말도 잊은 채 허겁지겁 쩜빙을 먹어 치웠습니다.

허기를 면한 네 사람은 다시 길을 떠났습니다. 그런데 얼마 가지 않아 뒤에서 무슨 고함 소리가 났습니다. 돌아보니 낯선 청년 대여섯이 손짓으로 부르고 있었습니다. 청년들은 모두 총을 들고 있었습니다.

"어서 뛰어!"

총을 본 장준하가 이렇게 외치며 달리기 시작했습니다.
타앙!

한 번의 총성이 울렸습니다. 그러자 곧이어 요란한

총 소리가 이어졌습니다. 네 사람은 정신없이 달렸습니다. 그러나 그들은 너무 지친 나머지 땅바닥에 맥없이 픽픽 쓰러졌습니다. 마침내 네 사람은 청년들에게 포위당하고 말았습니다.

한 사람이 권총을 들고 다가왔습니다. 햇빛을 받아 반짝거리는 총구를 본 순간, 장준하는 무심코 벌떡 일어섰습니다.

네 사람을 포위한 청년들은 다행히 일본군은 아닌 듯했습니다. 권총을 든 청년이 한 마디도 알아들을 수 없는 중국말로 뭐라고 물어 온 것입니다. 그러자 장준하가 땅바닥에 손가락으로 한자를 써서 대답했습니다.

'우리는 조선 청년들이다. 그저께 밤에 일본 부대에서 탈출했다. 우리는 지금 조선 독립군 부대를 찾아가는 길이다.'

'우리는 중국군 유격대다. 당신들을 도와주겠다.'

"와아, 이제 살았다!"

중국 청년이 쓴 글을 읽은 네 사람은 환호성을 질렀습니다. 어디서 그런 힘이 되살아났는지 모를 일이었습니다.

네 사람은 중국군 유격대원들을 따라 어느 마을에 다다랐습니다. 유격대원 하나가 먼저 어떤 집으로 들어갔습니다.

'어떻게 될까? 이 사람들이 정말 우리를 도와줄까?'

장준하가 이런 생각에 빠져 있는데, 중국 군복을 입은 잘생긴 청년 한 명이 집에서 나왔습니다. 청년은 네 사람 앞으로 다가와 함박웃음을 지으며 물었습니다.

"조선 청년들이지요?"

분명히 우리말이었습니다. 장준하는 깜짝 놀라 눈을 크게 떴습니다. 그러자 청년이 다시 한 번 물었습니다.

"분명히 조선 청년들 맞지요?"

"그렇습니다. 우리는 조선 청년들입니다. 지금 일본군에서 탈출해 도망치고 있습니다."

잘생긴 청년은 장준하의 대답을 듣자, 네 사람을 와락 껴안았습니다.

"정말 반갑습니다. 나도 조선 사람인데, 김준엽이라고 합니다. 이곳에 온 걸 환영합니다. 나도 얼마 전 일본군에서 혼자 탈출했습니다."

그런데 장준하는 그 청년의 이름을 듣고서 새삼 크게

놀라는 표정을 지었습니다.

"김준엽이라고? 내가 도쿄에서 알던 바로 그 사람이 맞습니까? 어디 얼굴 좀 다시 봅시다."

"아아, 장 형, 우리가 여기서 만나게 되다니!"

두 사람은 서로의 얼굴을 확인하고는 감격하며 얼싸안았습니다. 김준엽은 도쿄의 게이오대학교 유학생으로 장준하와 조선인 교회에서 만나 서로 알고 지내던 사이였습니다. 그는 학병으로 끌려온 조선 청년 가운데 가장 먼저 일본군을 탈출한 사람이었습니다.

네 사람은 기쁨에 겨워 목이 메었습니다. 이런 곳에서 동포를 만나다니 정말 꿈만 같았습니다.

그날 밤, 네 사람과 김준엽은 날이 밝는 줄도 모르고 밤새도록 서로 지나온 일들을 이야기했습니다. 그리고 조국의 독립을 위해 함께 싸우기로 다짐했습니다.

"우리 모두 충칭에 있는 임시 정부를 찾아갑시다. 거기에는 우리 지도자들이 있지 않소."

"좋아요, 걸어서 못 가면 기어서라도 갑시다."

다섯 사람은 충칭에 있는 대한민국 임시 정부를 찾아가기로 의견을 모았습니다.

1944년 7월 28일, 뜨거운 햇볕을 머리 위로 받으며 조선 청년 다섯은 충칭으로 길을 떠났습니다. 충칭까지는 자그마치 육천 리 길이었습니다. 육천 리라면 백두산에서 한라산까지 왔다 갔다 할 먼 거리입니다.

하지만 장준하의 굳은 의지는 한여름 태양만큼이나 뜨겁게 타올랐습니다.

'반드시 내 손으로 조국 땅에서 일본 침략자들을 몰아내고야 말겠다.'

장준하 일행이 가는 길은 온통 벌판과 산뿐이었습니다. 한낮에는 뜨거운 태양열 때문에 도저히 걸을 수가 없어서, 낮에는 잠을 자고 해가 지면 걸었습니다. 어떤 때에는 나흘 동안을 한 밤도 자지 않고 꼬박 걸은 적도 있었습니다.

"이제 조금만 더 가면 진포선 철도가 나옵니다. 우리는 그 철도를 건너야 합니다. 그런데 그곳은 일본군이 밤낮으로 지키고 있습니다."

장준하 일행을 안내하는 중국인이 말했습니다.

"그럼 진포선을 건널 방법은 없나요?"

장준하가 물었습니다.

"모두 변장을 해야 합니다."

"변장을?"

"네, 농부나 장사꾼처럼 꾸미고 중국인 행세를 하는 거지요."

"그것참 좋은 생각입니다."

옆에서 듣고 있던 김준엽이 맞장구를 쳤습니다.

다섯 사람은 곧장 진포선을 건널 준비를 서둘렀습니다. 해진 농부 옷과 밀짚모자, 곡식을 담는 헌 자루 그리고 심지어는 똥장군까지 구했습니다.

장준하는 중국인 장사꾼들이 메고 다니는 뺀대를 메기로 했습니다. 뺀대는 짐을 나르는 기구로, 긴 막대기 양쪽 끝에 바구니가 하나씩 달려 있습니다. 모두들 변장을 하고는 실제로 연습까지 했습니다. 장준하도 저녁마다 뺀대 메는 법을 익혔습니다.

드디어 철도를 건너는 날이 밝았습니다.

"준하 자네는 정말 중국인 장사치 같네."

"하하하, 자넨 똥장군 진 모습이 정말 어울리는군그래."

겉으로는 농담을 하며 웃었지만, 모두들 마음속으로는 잔뜩 긴장이 되었습니다.

일본군 초소가 보이는 곳에 이르러 일행은 둘씩 조를 짰습니다. 먼저 윤경빈과 홍석훈이 출발했습니다. 두 사람을 먼저 보내며 장준하는 눈시울이 뜨거워졌습니다. 하지만 억지로 웃음을 지어 보였습니다. 똥장군을 지고 곡식 자루를 멘 채 걸어가는 두 사람의 뒷모습을 장준하는 손에 땀을 쥐고 바라보았습니다.

앞서 간 두 사람이 막 일본군 초소 앞을 지나는 모습이 보였습니다. 총을 든 일본군 보초가 초소 앞을 어슬렁거리고 있었습니다.

'혹시 저 보초가 예전에 같은 부대에 있던 사람은 아닐까?'

장준하는 어느새 손을 모아 기도를 올리고 있었습니다. 하지만 일본군 보초는 자기 앞을 지나가는 두 사람을 그냥 바라보기만 했습니다.

두 사람이 무사히 지나자, 이번에는 장준하와 중국인 안내원이 출발했습니다. 장준하는 자꾸만 흘러내리는 뺀대를 붙들고 한 걸음 한 걸음 발을 내디뎠습니다. 두

다리가 후들후들 떨려 왔습니다. 일본군 보초가 멘 총 끝의 칼이 햇빛을 받아 쏘는 듯이 빛을 냈습니다. 장준하는 아랫배에 힘을 주고 어금니를 악물었습니다.

'성공인가?'

어떻게 지나온 줄도 모르게 초소를 통과한 장준하는 온몸이 땀으로 흠뻑 젖었습니다. 뒤따르던 김준엽과 김영록도 모두 무사했습니다.

그들 앞에는 다시 끝없는 길이 펼쳐졌습니다. 얼마나 왔는지, 언제 끝날지 모를 길이었습니다.

그러던 어느 날 일행은 린취안이라는 도시에 조선 청년들이 많다는 소문을 들었습니다. 모두들 새로운 희망에 가슴이 부풀었습니다. 몹시 지쳐 있었지만, 마치 두 발에 바퀴라도 단 듯이 서둘러 린취안으로 갔습니다.

린취안에 간 일행은 조선 청년들이 있다는 곳부터 찾았습니다. 일행이 찾아간 곳은 중국 중앙군관학교 린취안 분교라는 곳으로, 중국군 장교를 길러 내는 사관학교였습니다.

일행이 정문을 기웃거리며 서성거리고 있을 때였습니다. 갑자기 "와아!" 하는 함성와 함께 땅을 울리며 사람들이 무리 지어 달려오는 소리가 들렸습니다. 장준하가 고개를 돌리자, 수많은 청년이 서로 앞다투어 달려오고 있었습니다. 바로 일행이 찾던 조선 청년들이었습니다.

"얼마나 고생했습니까?"

"정말 잘 와 주었습니다. 반갑습니다."

너무도 반가운 우리말이었습니다.

청년들은 다섯 사람을 어깨에 메다시피 해서 학교 안으로 들어갔습니다.

장준하 일행을 맞이한 조선 청년들은 한국 광복군 훈련반 학생들이었습니다. 한국 광복군 훈련반은 학병에서 탈출하거나 중국으로 건너온 조선 청년들을 모아서 광복군을 길러 내는 곳으로, 중국 중앙군관학교 린취안 분교 안에 있었습니다.

한국 광복군 훈련반

"얼마나 수고했소? 동지들, 참 장하고도 장하오."

마흔 남짓 된 군복 차림의 신사가 장준하와 네 사람에게 따뜻한 웃음을 보내며 말했습니다. 한국 광복군 훈련반 주임 김학규였습니다.

장준하는 김학규 주임의 입에서 '동지'라는 말이 나오자 가슴이 찌르르 울렸습니다. 처음으로 들어 보는 말이었습니다.

"우리 광복군 훈련반은 동지들을 환영합니다."

그날부터 장준하와 네 사람은 한국 광복군 훈련반이 되었습니다. 아직은 훈련을 받는 처지이지만, 꿈에도 그리던 독립군이 된 것입니다.

그날 밤 장준하 일행을 맞이하는 환영회가 열렸습니다.

환영회 장소인 내무반은 팔십 명이 넘는 훈련생들이 쓰기에는 너무 좁고 초라했습니다. 바닥은 그냥 흙 위에 가마니만 한 장씩 깔려 있었습니다. 하지만 조선 청년들이 부르는 애국가는 우렁차기만 했습니다.

"동해물과 백두산이 마르고 닳도록……."

처음 들어 보는 곡조였습니다. 그때까지 장준하 일행이 알고 있던 애국가는 아일랜드 민요에 가사만 붙여서 불렀습니다. 그런데 광복군 훈련반 동지들은 처음 들어 보는 곡조로 애국가를 불렀습니다.

"곡조가 웅장하고 엄숙하군. 지금까지 부르던 애국가는 너무 슬펐는데 말이야."

탈출 동지 가운데 한 사람이 장준하에게 속삭였습니다. 장준하도 같은 생각이었습니다. 새 애국가는 안익태라는 음악가가 지었다고 했습니다. 장준하는 따라 부르지는 못했지만 엄숙한 기분에 사로잡혀 저절로 고개가 수그러졌습니다.

다음 날부터 탈출 동지들은 광복군 훈련반 생활을 시작했습니다. 그런데 잔뜩 기대를 걸었던 훈련반 생활이란 별게 아니었습니다. 중국인 훈련생들은 모두 총을 가지고 훈련했으며 수업도 제대로 받았습니다. 그에 비해 한국 광복군 훈련생들은 하루에 한두 시간, 체조나 제식 훈련을 할 따름이었습니다.

"김 동지, 이렇게 허술하게 훈련을 받고서 어떻게 훌륭한 광복군이 될 수 있겠소?"

"그렇다고 별수 있나? 우리에게는 총도 없고, 제대로 훈련을 시켜 줄 교관도 없는걸."

장준하가 푸념을 하자, 김준엽도 덩달아 한숨을 쉬었습니다.

"우리끼리라도 뭔가 배움이 될 만한 일을 해 보면 어떨까?"

"우리끼리?"

김준엽이 눈을 치뜨며 되물었습니다.

"우리는 다들 대학생 아닌가? 나는 신학을 공부했으니 신학 선생이 되겠네. 자넨 역사 선생을 하면 되지 않겠나?"

"옳아! 그것참 좋은 생각이야."

김준엽은 무릎을 치며 찬성했습니다.

일본군에 학병으로 끌려갔다가 탈출한 뒤 한국 광복군 훈련반에서 군사 훈련을 받던 시절, 스물여섯 살 청년 장준하의 모습입니다.

두 사람은 머리를 맞대고 계획을 짰습니다. 그래서 다음 날부터 훈련생들이 돌아가면서 한 사람씩 선생님이 되어 수업을 했습니다. 훈련생들은 그런 수업을 가리켜 자율 강의라고 불렀습니다. 스스로 가르치고 배운다는 뜻이지요.

"그냥 수업만 할 게 아니라 책도 만들어 내면 어떻겠나? 우리가 하루하루 가르치는 내용을 글로 써서 묶으면 잡지가 되잖아."

"그것도 좋지."

훈련생들 모두가 대찬성이었습니다.

자율 강의는 하루에 두 시간이었습니다. 문학, 법학, 철학, 역사…… 이렇게 여러 과목이 있었습니다. 자율 강의가 생긴 뒤로 훈련반은 분위기가 아주 달라졌습니다. 한 사람도 빠짐없이 수업을 받았습니다.

잡지 만드는 일은 장준하가 맡았습니다. 그런데 가난한 훈련반에 인쇄기가 있을 리 있나요? 종이조차 없는 형편인데 말입니다.

"인쇄기가 없으면 우리가 직접 쓰면 되지."

장준하는 중국인 교장 선생님을 찾아가 사정해서 종이를 얻었습니다. 그런 다음 밤을 새워 가며 글을 옮겨 적기 시작했습니다. 만화나 그림도 그려 넣었습니다. 비록 질이 나쁜 화선지에 붓밖에 없었지만 조금이라도 멋있게 꾸미려고 애썼습니다.

"책 표지 만들 일이 걱정이야. 두꺼운 종이가 한 장도 없거든."

장준하는 표지 만들 일만 남겨 두고 즐거운 고민에 빠져 있었습니다. 그때 옆에 있던 김준엽이 갑자기 일어나더니 밖으로 나갔습니다.

"어이, 무슨 좋은 생각이라도 있나?"

"……."

대답도 없이 나간 김준엽은 내의를 벗어서 빨아 가지고 돌아왔습니다.

"이 밤중에 갑자기 웬 빨래야?"

"응, 그저……."

김준엽은 장준하가 물어도 대답을 얼버무렸습니다.

이튿날, 김준엽은 간밤에 빨아서 말린 내의를 책 크기에 맞게 잘라서 가져왔습니다.

"이걸로 표지를 만드는 거야."

장준하는 깜짝 놀랐습니다. 김준엽의 깊은 마음이 느껴졌습니다. 이렇게 해서 내의로 표지를 만든 잡지가 완성되었습니다. 제목은 민족의 앞길을 밝히자는 뜻으로 '등불'이라고 붙였습니다. 그림 솜씨가 좋은 김준엽이 표지에 등불을 그려 넣었습니다.

어렵게 만든 『등불』 잡지는 아주 인기가 좋았습니다. 훈련생들은 서로 먼저 보겠다고 야단법석이었습니다. 『등불』은 장준하가 어린 시절에 신문을 보며 언론인이 되어 보겠다는 꿈을 키운 뒤 처음으로 만든 잡지였습니다.

자율 강의도 하고 잡지도 만들면서 광복군 훈련반은 점점 활기를 띠었습니다. 장준하도 동지들과 함께 보람을 느낄 수 있었습니다. 그는 어느덧 여러 동지들 사이에서 인기가 높아졌습니다.

"우리, 일 잘하는 장준하 동지에게 취사반장을 맡깁시다."

"그럽시다. 장 동지라면 우리들의 배고픔을 해결해 줄 겁니다."

여러 동지들이 뜻을 모아 장준하를 취사반장으로 뽑았습니다. 장준하는 어려운 일이어서 자신이 없었지만, 동지들의 뜻에 따르기로 했습니다.

광복군 훈련반은 양식이 모자라서 하루에 아침과 저녁 두 끼만 먹었습니다. 그나마 밀가루빵과 채솟국뿐이었습니다. 무쇠라도 소화해 낼 젊은이들은 겨우 두 끼 먹는 빵과 국물로는 배고픔을 참기 어려웠습니다.

취사반장이 된 장준하는 새벽 일찍 일어나 취사 당번을 맡은 동지와 함께 시장으로 나갔습니다. 값싸고 양이 많은 반찬거리를 사려고 날마다 새벽 시장을 헤매고 다녔습니다. 적은 돈으로 수십 명 동지들의 배를 채우기란 쉬운 일이 아니었습니다. 그럴수록 장준하는 동지들의 배고픔을 달래 줘야 한다는 생각이었습니다.

어느 날 아침, 장준하는 시장 가는 길에 고구마밭을 지나치게 되었습니다. 고구마 줄기를 모두 걷어 낸 밭두

렁은 보기에도 시원했습니다.

'줄기를 걷어 낸 걸 보니 이제 고구마를 캘 때가 됐구나.'

이런 생각을 하다가 퍼뜩 떠오르는 게 있었습니다. 배를 곯고 있는 동지들의 얼굴이었습니다. 장준하는 곧 거세게 도리질을 했습니다.

'안 돼! 신학도인 내가 남의 걸 훔칠 생각을 하다니……'

하지만 그 생각은 하루 종일 장준하를 떠나지 않고 괴롭혔습니다. 꼭 그림자처럼 따라다녔습니다. 그는 무심코 자기 그림자에게 물었습니다.

'고구마를 훔쳐 낼까?'

그림자는 말이 없었습니다. 장준하는 대답 없는 그림자를 짓밟았습니다. 자기 그림자가 미워졌습니다. 그래도 그림자는 자꾸만 따라왔습니다. 굶주리는 동지들의 얼굴도 머릿속에서 떠나지를 않았습니다. 그는 자기가 기독교인이고 신학도인 것이 견딜 수 없이 힘들었습니다.

'주여, 딱 한 번만 용서해 주소서!'

그날 밤, 장준하는 깜깜한 밤길을 걷고 있었습니다. 마음속으로는 신에게 용서를 빌었습니다. 다른 두 사람이 발소리를 죽이며 뒤따랐습니다. 모두들 꼬챙이와 군복 바지를 하나씩 들고 있었습니다.

장준하는 밭으로 들어가자마자 꼬챙이로 땅을 파헤쳤습니다. 손끝에 커다란 고구마들이 잡혔습니다. 그는 고구마를 닥치는 대로 뽑아 군복 바지에 담았습니다. 큼직한 고구마들이 군복 바지에 가득 차자, 그는 나지막하게 휘파람을 불었습니다. 돌아가자는 신호였습니다.

조금 뒤 세 사람은 고구마를 둘러메고 학교 담장을 넘었습니다. 고구마를 취사장 바닥에 쏟았더니 거의 한 가마니는 됨 직했습니다.

그들은 고구마를 씻어서 커다란 솥에 넣고 삶았습니다. 솥에서는 곧 구수한 고구마 냄새가 풍겨 나왔습니다.

"자, 모두들 일어납시다. 어서 일어나요!"

장준하는 한창 잠에 곯아떨어져 있는 훈련생들을 흔들어 깨웠습니다.

"아닌 밤중에 웬 고구마야!"

훈련생들은 고구마를 보더니 언제 갔느냐는 얼굴들이었습니다. 그러고는 순식간에 달려들어 고구마 쟁반을 비워 버렸습니다.

장준하는 동지들이 고구마를 맛있게 먹는 모습을 그저 바라보고만 있었습니다. 그는 고구마를 입에 대지도 않았습니다. 배고픔보다 더 큰 아픔이 마음을 채웠습니다.

'저는 배를 곯는 동료들을 위해 도둑질을 했습니다. 도둑질이 나쁜 일인 줄은 알지만, 어쩔 수가 없었습니다. 저를 용서해 주소서.'

대한민국 임시 정부를 향하여

광복군 훈련반의 교육 기간 넉 달이 모두 끝났습니다. 졸업식장에 선 장준하에게는 졸업하는 기쁨보다 앞으로 해야 할 일이 더 걱정이었습니다.

'이제 일본을 몰아내는 싸움이 기다리고 있다. 그렇다면 역시 김구 선생이 계시는 임시 정부로 가야 하지 않을까?'

장준하는 민족 해방을 위한 길이라면 죽음도 두렵지 않았습니다. 그러기 위해선 총을 들고 전선으로 나가야 합니다. 그는 임시 정부에 그 길이 있다고 믿었습니다. 다른 동지들도 장준하와 같은 생각이었습니다.

훈련반을 졸업한 장준하는 중국 중앙군 준위 계급을

받았습니다. 그러나 마냥 기쁘지만은 않았습니다. 조국이 주는 자랑스러운 계급장을 받고 싶었기 때문입니다.

"우리는 임시 정부로 가야 해요. 임시 정부는 대한의 청년들을 부르고 있습니다."

많은 동지들의 의견이 하나로 모였습니다. 그래서 장준하와 오십여 명의 동지들은 충칭에 있는 임시 정부로 떠나기로 했습니다.

아침부터 눈보라가 몰아치는 추운 날이었습니다. 산과 들에는 온통 하얀 눈이 두툼하게 쌓이고 있었습니다.

"전체 차려! 경례!"

장준하와 동지들은 그동안 지도해 준 교관들에게 마지막 인사를 했습니다. 그리고 뒤돌아서 힘차게 걸음을 떼어 놓았습니다. 눈 덮인 들판으로 긴 줄이 이어졌습니다. 길양식인 밀가루는 손수레에 싣고 번갈아 가며 끌었습니다.

대열 속에는 훈련반 졸업생말고도 충칭으로 가는 동포 여성과 어린아이들도 있었습니다. 모두들 지난여름에 받은 낡아 빠진 푸른색 여름 군복을 그대로 입고 있었습니다. 차가운 바람이 얇은 여름옷을 뚫고 살 속까지 파고들었습니다. 살을 할퀴는 겨울바람 끝이 몹시 따가웠습니다. 그래도 바람을 뚫고 하루에 백 리 이상을 꼬박 걸어야 했습니다.

장준하는 일행을 대표하여 선발대장과 취사반장을 맡았습니다. 그는 언제나 앞서서 떠나, 일행이 잠잘 곳을 마련하고 식사 준비도 했습니다. 식사라고 해 봐야 밀가루를 둥그렇게 반죽해 콩기름에 부친 밀개떡이 전부였습니다.

잠자리를 구하는 것도 쉬운 일이 아니었습니다. 날이 저물면 아무 마을에나 들어가 헛간이고 마구간이고 가리지 않고 잠을 잤습니다. 이불은커녕 바람만 막아 주는 곳이면 밀짚이나 풀더미를 덮고 잤습니다.

"어휴, 가려워!"

"나도 온몸에 물집이 올랐어. 가려워서 미칠 지경일세."

더러운 곳에서 자기 때문에 일행은 대부분 옴이라는 피부병에 걸렸습니다. 온몸이 우툴두툴해지고 진물이 나오면서 무척 가려웠습니다. 손톱으로 살을 마구 긁어 대니 살갗이 벌겋게 부어올랐습니다.

이도 많았습니다. 옷을 벗어 훌훌 털면 시커먼 이가 우박처럼 떨어졌습니다. 눈 위에 떨어진 이는 까맣게 얼어 죽었습니다. 장작불 위에 이를 털다가 옷을 태워 버린 사람도 있었습니다.

추위와 배고픔 그리고 옴과 이로 고생을 하며 일행은 난양이라는 도시에 닿았습니다. 장준하는 난양에서 잠시 머물기로 했습니다.

"여기에서 잠시 쉬어야 합니다. 곧 파촉령이라는 험한 고개를 넘어야 하는데, 그 전에 이곳에서 겨울옷과 양식을 마련해야 합니다."

난양에서 머무는 동안 장준하와 김준엽이 대표로 중국군 사령부에서 겨울 군복과 양식을 얻기로 했습니다. 둘 다 중국군 준위 계급이어서 중국군 부대를 찾아간 것입니다.

"이제야 살 것 같아."

솜으로 누빈 겨울 군복을 받아 입은 동지들은 펄쩍펄쩍 뛰며 좋아했습니다.

"아직 좋아하기는 일러. 파촉령을 살아서 넘으면 그때는 얼마든지 좋아해도 되겠지."

파촉령이 얼마나 험한지 『삼국지』에 나오는 제갈공명도 무서워했다던 고개였습니다. 그래서 제비도 못 넘는 고개라고 불렀다고 합니다.

파촉령 산길은 걸어도 걸어도 오르막길이었습니다. 아름드리 나무들이 잎을 떨구고 하늘을 향해 빽빽이 치솟아 있었습니다. 겨우 한 사람이 지나갈 수 있는 길을 따라 일행은 바위를 타 넘고 절벽을 건너뛰었습니다.

"세상에 이렇게 험한 길이 또 있을까?"

"오죽하면 천하에 무서울 게 없다던 제갈공명마저 두려워했겠나?"

장준하의 말에 김준엽은 숨찬 목소리로 대답했습니다.

그 험한 산길을 일행은 하루에 백 리씩 걸어 올랐습니다. 그런데 신기한 건 그토록 험한 산길에도 주막이 있다는 사실이었습니다. 만약 주막이 없었다면 일행은 모두 얼어 죽고 말았을 겁니다.

그러기를 엿새, 지칠 대로 지친 일행이 한참 오르막길을 가고 있을 때였습니다.

쉬이익!

앞장서서 가던 장준하의 머리 위를 송아지만 한 뭔가

가 스치고 지나갔습니다.

"아앗! 호, 호랑이다앗!"

장준하는 비명을 지르며 그대로 얼어붙고 말았습니다. 호랑이는 그가 서 있는 데서 대여섯 발자국 앞으로 가볍게 내려앉았습니다. 그러더니 그를 본 체도 않고 순식간에 사라졌습니다.

'만약 내가 몇 걸음만 앞서 걸었더라면……, 후유…….'

장준하는 이마에 맺힌 식은땀을 닦아 내며 긴 숨을 내쉬었습니다.

일행은 드디어 평평한 고원 지대에 이르렀습니다. 걷기가 한결 수월해졌습니다. 그만큼 걷는 속도도 빨라졌습니다. 그런데 수월한 길이라고 얕잡아 보다가 그만 길을 잘못 들고 말았습니다. 날이 저물도록 주막을 찾을 수가 없었습니다.

해가 떨어지자 사방은 곧 어둠 속에 잠겼습니다. 발목까지 푹푹 빠지는 눈밭 위로 칼바람만 휘몰아쳤습니다.

"이거 야단났는걸. 무작정 이렇게 걷다간 무슨 사고가 날지도 모르겠어."

"그럼 이 어둠 속에서 어떻게 해야 합니까?"

"오늘 밤은 여기서 자야겠소. 마냥 걷다간 길만 더 어긋납니다."

"어디서요? 여기 눈밭에서 잠을 잔단 말입니까?"

"그렇습니다. 눈밭에서라도 자야지요."

사람들은 모두 몸을 떨었습니다. 하지만 어쩔 수 없었습니다. 아무리 둘러봐도 허허벌판만 펼쳐져 있을 뿐이었습니다.

사람들은 별수 없이 조금이라도 움푹한 자리를 찾아 몇 명씩 무리를 지었습니다. 서로서로 몸을 맞대고 쭈그리고 앉았습니다.

매서운 추위를 머금은 검은 바람이 사정없이 덮쳤습니다. 온몸이 얼어붙어 차츰 감각이 없어졌습니다. 시간이 조금 지나자 피로에 지친 나머지 하나둘 꾸벅꾸벅 졸기 시작했습니다.

"장 동지, 장 동지! 잠들면 안 돼. 잠들면 죽는다."

옆에 있던 김준엽이 장준하를 꼬집었습니다. 그래도 장준하가 깨어나지 않자, 이번에는 등을 후려쳤습니다. 그 바람에 장준하는 번쩍 눈을 떴습니다. 두 사람은 서로를 붙들어 주었습니다.

장준하는 고개를 들고 사방을 둘러보았습니다. 어둠 속에서 서로를 껴안고 졸음을 참고 있는 동지들이 보였습니다. 연약한 짐승처럼 몸을 웅크리고 있는 동지들의 모습이 몹시 가슴 아프게 다가왔습니다.

'어떻게든 살아야 해. 지금 이 형벌은 다시는 못난 조상이 되지 말라는 하늘의 뜻이지. 내 자손에게는 결코 이런 고생을 물려주지 않겠다. 태양아 어서 솟아라, 어서…….'

송곳으로 찌르는 듯한 아픔이 정강이에서 허벅지로, 다시 등줄기로 기어 올라왔습니다. 그런 가운데 어느덧 동녘이 부옇게 밝아 오기 시작했습니다.

'아아, 살았구나!'

장준하는 비틀거리며 일어섰습니다. 눈부신 아침 햇살이 눈밭 위로 반짝이며 달려왔습니다. 장준하의 나이 스물일곱, 1945년의 새해였습니다.

장준하는 감격으로 몸을 떨었습니다. 죽음 속에서 새로 태어난 기분이었습니다.

파촉령을 넘기 시작한 지 꼭 열사흘 만에 장준하 일

행은 평야 지대로 내려왔습니다. 일행은 곧 양쯔강에 닿았고, 그곳에서 충칭으로 가는 배에 올랐습니다.

양쯔강을 거슬러 오른 배는 여드레 동안 나아갔습니다. 충칭으로 가는 마지막 물길이었습니다.

장준하는 갑판에 서서 햇빛에 반짝이는 강물을 바라보았습니다. 강물은 누런 금빛이었습니다. 그는 지나온 일들을 떠올리며 깊은 생각에 잠겼습니다.

"와아, 충칭이 보인다!"

뱃전에 서 있던 동지들 속에서 외침이 터져 나왔습니다. 과연 저 멀리 높고 낮은 건물들이 언뜻언뜻 나타났습니다. 동지들은 서로 얼싸안고 펄쩍펄쩍 뛰면서 기뻐했습니다.

김구 주석의 회중시계

"여기가 우리 대한민국 임시 정부요."

일행은 어떤 낡은 건물 앞에 이르렀습니다. 일행을 안내한 사람이 그 건물을 가리키며 임시 정부라고 말했습니다.

'저것이 우리 임시 정부란 말인가!'

장준하는 몹시 실망스러웠습니다. 임시 정부 건물은 초라했습니다. 하지만 국기 게양대에 걸린 태극기는 파란 하늘을 향해 마음껏 휘날리고 있었습니다. 장준하는 자신도 모르게 거수경례를 했습니다. 학병을 탈출하여 반년이 넘도록 죽음을 무릅쓰고 헤쳐 온 육천 리 길이 끝나는 순간이었습니다.

그때 건물 안에서 사람들이 걸어 나왔습니다. 푸른색 두루마기를 입은 노인이 앞서고, 역시 머리가 희끗희끗한 노인들이 뒤따르고 있었습니다.

푸른 두루마기 차림의 노인은 검은 테 안경을 썼는데, 눈빛이 강하게 빛나고 몸집이 우람했습니다. 마치 오랜 세월 어려움을 겪어 내며 용맹을 지켜 온 호랑이 같았습니다. 노인은 장준하 일행 앞에서 근엄한 모습으로 멈춰 섰습니다. 그러나 이내 인자한 웃음을 머금고 일행을 둘러보았습니다.

'저분이 바로 우리의 지도자 김구 선생이 틀림없어.'

장준하는 푸른 두루마기 노인을 보는 순간 이렇게 느꼈습니다. 그 느낌은 들어맞았습니다.

김구 주석을 비롯한 임시 정부 지도자들은 모두 노인들이었습니다. 몇십 년 동안 조국의 독립을 위해 싸우면서 그토록 늙어 버린 것입니다. 장준하는 그들의 흰머리를 바라보며 가슴이 저려 왔습니다.

그날 밤 환영 잔치가 열렸습니다. 말이 잔치지 차린 음식도 별로 없었습니다. 임시 정부는 그만큼 가난했습니다. 커다란 뚝배기에 중국 술을 가득 담아 한 사람씩 돌려 가며 마셨습니다. 술을 못 마시는 장준하는 뚝배기를 만지작거리다가 옆 사람에게 건넸습니다.

곧이어 김구 주석이 일어나 환영 연설을 했습니다.

"왜놈들 손아귀에서 용감하게 탈출해 여기까지 찾아온 여러분이 고맙습니다. 여러분을 보니 힘들었던 지난 일들이 다 사라지는 듯합니다. 그리고 우리 조국의 젊은 이들이 정말 자랑스럽습니다. 가슴이 터질 듯이 벅차고 기뻐서 여러분과 함께 충칭 밤거리로 나가 마음껏 소리치며 달려 보고 싶구려……."

환영 연설이 끝나자, 장준하가 동지들을 대표해 답사를 했습니다. 모두들 기침 소리도 내지 않고 그를 바라보았습니다.

"저는 왜놈들 아래서 태어났고, 또 왜놈들한테 교육을 받았습니다. 하지만 커 가면서 왜놈들이 침략자라는 걸 알았습니다. 그리고 반드시 나라를 되찾아야겠다는 결심을 했습니다. 오늘 이렇게 김구 선생과 여러 지도자 앞에 서니 정말 가슴이 떨리고 벅찹니다. 우리는 조국과 민족을 위해서라면 무엇이든 가리지 않고 하라는 대로 할 각오입니다……."

장준하는 연설을 하다가 멈추었습니다. 김구 주석이 갑자기 "흑!" 하고 울음을 터뜨렸기 때문입니다. 마치 그것이 신호이기라도 한 것처럼 방 안에 있던 사람들이 참고 있던 눈물을 흘리기 시작했습니다. 환영 잔치는 삽시간에 울음바다가 되고 말았습니다. 음식이 들어왔지만 아무도 손을 대는 사람이 없었습니다. 그저 큰 소리로 목 놓아 울 뿐이었습니다.

다음 날부터 임시 정부 생활이 시작되었습니다. 모든 게 벅차고 감격스러웠습니다. 그러나 하루 이틀 사흘, 시간이 흘러가면서 장준하는 답답해지기 시작했습니다. 임시 정부에는 수많은 독립운동가가 있었지만, 할 일은 별로 없는 것 같았습니다.

'여기서도 왜놈들과 직접 싸울 길은 없단 말인가?'

하루라도 빨리 광복군에 들어가 총을 들고 싸우겠다는 생각만이 간절했습니다. 그러나 기회는 좀처럼 오지 않았습니다. 대체 광복군이 있는지 없는지조차 알 수 없었습니다.

'이렇게 허송세월만 보내지 말고, 그동안이라도 보람 있는 일을 찾아보자.'

장준하는 이런저런 궁리 끝에 다시 잡지를 만들 생각을 했습니다. 글을 써서 대한 청년의 불타는 마음을 사람들에게 전하고 싶었습니다. 다행히도 임시 정부에는 인쇄를 할 수 있는 등사기가 있었습니다. 장준하와 동지들은 등사기를 가지고 『등불』 잡지를 다시 만들었습니다. 『등불』은 임시 정부 안에서도 큰 인기를 얻었습니다.

"이렇듯 자기 생각을 주저 없이 말하다니, 과연 용감한 젊은이들이로군."

"허허! 장준하 군의 용기야 모두가 알아주지 않소."

장준하에게는 잡지 내는 일이 큰 기쁨이 되었지만, 정말로 하고 싶은 일은 여전히 다른 데 있었습니다. 한시바삐 조국의 독립을 위해 나가 싸우는 일이었습니다.

그렇게 석 달이 지난 어느 날이었습니다. 장준하와 동지 스무 명은 몽둥이를 하나씩 들고 임시 정부 청사 앞에 몰려들었습니다. 그들은 한목소리로 구호를 외쳤습니다.

"우리 젊은이들이 조국의 독립을 위해 싸우게 해 달라!"

"우리는 조국을 위해 죽고 싶다!"

"우리를 광복군으로 불러 달라!"

장준하와 동료들은 점점 더 흥분하기 시작했습니다. 고래고래 소리 지르며 몽둥이를 휘두르는 동지들도 있었습니다.

그때였습니다. 군복 차림에 눈매가 날카로운 사람이 나타났습니다. 그 사람은 한동안 아무 말 없이 장준하 일행을 바라보고만 있었습니다. 나무라는 것도 같고 이해한다는 표정 같기도 했습니다.

이윽고 군복 차림의 남자가 입을 열었습니다.

"이보시오, 젊은이들! 그 몽둥이를 내려놓고 나와 이야기 좀 합시다."

점잖게 타이르는 목소리였습니다.

"당신이 누군데 우리더러 이래라저래라 명령하는 겁니까?"

"나는 이범석이라고 하오."

"예에?"

젊은이들은 모두 깜짝 놀라 얼른 몽둥이를 내려놓았습니다. 그 사람은 바로 광복군을 지휘하는 이범석 장군

한국 광복군 제2지대장이었던 이범석 장군입니다. 광복군 시절부터 장준하는 이범석 장군을 존경했고, 이범석 장군도 장준하를 몹시 아꼈습니다.

이었습니다.

"나는 여러분의 마음을 이해하오. 하지만 이렇게 폭력을 휘둘러서는 안 되오. 쓸데없는 폭력은 여러분이나 나라에 아무런 도움도 되지 못하오."

"그러면 저희는 어떻게 해야 합니까? 저희는 조국의 독립을 위해 나가 싸우고 싶습니다."

동료들을 대표해 장준하가 자신에 찬 목소리로 말했습니다.

"좋소, 나와 함께 시안으로 갑시다. 거기에서 훈련받고 나면 여러분은 일본군과 싸우는 유격대가 될 수 있소."

"와아!"

젊은이들은 함성을 질렀습니다.

그날 이후 장준하와 동지들은 시안으로 떠날 채비를

했습니다. 이제야 광복군다운 광복군이 된다고 생각하니 마음이 들떴습니다.

1945년 4월 29일, 장준하 일행이 시안으로 떠나는 날이었습니다. 그들은 충칭에 처음 오던 날처럼 임시 정부 앞에 줄을 맞추어 섰습니다.

김구 주석이 작별 인사를 하러 나왔습니다.

"여러분의 젊음이 부럽소. 나도 젊다면 여러분과 같이 떠나고 싶구려."

김구 주석은 이렇게 말한 뒤 두루마기 안주머니에서 둥그런 회중시계를 꺼냈습니다. 그리고 회중시계를 모든 사람이 볼 수 있도록 높이 들어 올렸습니다. 그때 김구 주석의 눈에서 굵은 눈물이 주르르 흘러내렸습니다. 젊은이들은 김구 주석이 눈물 흘리는 까닭을 몰라 어리둥절했습니다.

그러자 김구 주석이 조용히 말을 이었습니다.

"이 시계를 잘 보시오. 지금부터 13년 전 오늘 이 시각, 나는 윤봉길 의사를 죽을 곳으로 떠나보냈소. 여러분도 잘 알겠지만, 윤봉길 의사는 상하이 훙커우 공원에서 폭탄으로 왜놈 대장 시라카와 요시노리를 죽인 대한

한국 광복군 창립 기념일에 대한민국 임시 정부의 지도자인 김구 주석이 기념사를 읽고 있습니다. 옆에 서 있는 사람은 한국 광복군 총사령관 지청천 장군입니다.

의 청년이오. 그날 윤 의사는 나와 시계를 바꾸어 차고 떠났소. 내가 찬 시계가 낡은 걸 보고 자기는 이제 시계가 필요 없다며 이 회중시계를 내 손에 꼬옥 쥐여 주었소."

김구 주석은 잠시 말을 멈추고, 흘러내리는 눈물을 주먹으로 닦았습니다.

"이 시계를 보니 윤봉길 의사를 떠나보낼 때가 생각

나오. 여러분을 보내는 내 마음이 바로 그때와 똑같소. 여러분의 눈동자가 그날 윤봉길 의사의 눈동자처럼 빛나고 있구려."

김구 주석은 더 이상 말을 잇지 못했습니다. 젊은이들도 모두 소리 없이 눈물을 삼켰습니다.

이윽고 장준하와 동지들은 트럭에 올랐습니다. 김구 주석은 한 사람씩 손을 잡아 주었습니다. 일행이 모두 타자, 트럭은 뒤꽁무니에 마른 먼지를 일으키며 달려갔습니다.

원통한 해방

충칭을 떠난 장준하는 시안을 거쳐 그 지역의 마을인 뚜춰라는 곳으로 갔습니다. 뚜춰에는 광복군 제2지대 본부가 있었습니다. 그곳이 바로 훈련소였습니다.

'여기에서 훈련을 마치면 일본군에서 탈출한 보람이 있겠지.'

장준하는 이런저런 생각에 잠겨 뜬눈으로 밤을 새웠습니다. 새로 지급받은 군용 침대와 담요가 왠지 어색하기만 했습니다. 갈아입은 미군 군복도 품이 크고 헐렁했지만, 마음은 새로운 기대로 가득 차 있었습니다.

장준하가 받을 훈련은 오에스에스(OSS: 1942년에 설립된 미국의 정보기관 '전략 사무국'을 말함. 1947년에 미국

중앙정보국 CIA가 됨) 훈련으로, 미군이 직접 지도하는 훈련이었습니다. 그러니 오에스에스 훈련은 한국 광복군과 미군의 합동 훈련인 셈입니다.

광복군 대원들은 석 달 동안 훈련을 받고 조국 땅에 들어가 유격대원으로 싸울 예정이었습니다. 작전 계획도 벌써 다 세워져 있었습니다. 임시 정부에서는 이 작전을 '국내 진공 작전'이라고 불렀습니다.

광복군이 되어 오에스에스 훈련에 참여하는 동안 장준하는 소위를 거쳐 중위로 승진했습니다. 광복군 안에서 그의 능력을 인정받은 것입니다. 그는 어떤 혹독한 훈련에도 조국의 어엿한 군인으로서 솔선하는 자세로 임했습니다.

훈련에는 여러 과정이 있었습니다. 강을 건너는 훈련, 총검술, 사격……. 어떤 때에는 밧줄을 타고 깎아지른 듯한 절벽을 내려가 페인트칠을 해 놓은 나뭇잎을 따오기도 했습니다. 어두운 밤중에 비행기에서 뛰어내리는 훈련도 있었지요. 모두 유격대원이 되기 위한 고난도의 특수 훈련이었습니다.

장준하는 훈련에 익숙해지자 또다시 잡지를 만들었

중국 시안에 있던 한국 광복군 제2지대 훈련소에서 미군과 합동으로 오에스에스 (OSS) 훈련을 받을 때의 모습입니다. 오른쪽부터 장준하, 김준엽, 노능서입니다.

습니다. 새 잡지에는 '제단'이라는 이름을 붙였습니다. 목숨을 민족의 제단에 바친다는 뜻이었습니다. 『제단』은 광복군이 마련해 준 사무실에서 좋은 종이를 써서 수백 권이나 찍어 낼 수 있었습니다.

장준하는 새 잡지를 임시 정부는 물론 멀리 미국에 있는 교포들에게도 보냈습니다. 『제단』은 민족의식을 심어 주는 잡지로 여러 사람들의 사랑과 환영을 받았습니다. 어느덧 장준하는 잡지 만드는 일에 전문가가 되어 있었습니다.

훈련이 끝나 갈 무렵, 장준하는 놀라운 소식을 들었습니다. 이범석 장군의 비서로 있던 김준엽이 찾아와 전한 소식이었습니다.

"장 중위, 아쉽겠지만 이번 작전에서 자네는 빠졌어. 이 장군님의 지시야."

"뭐라고? 그럴 순 없어. 나는 꼭 이번 작전에 참가해야 해."

장준하는 하늘이 무너지는 느낌이었습니다. 얼마나 기다리던 국내 진공 작전이던가! 어떻게든 이범석 장군에게 자기의 굳은 마음을 전하고 싶었습니다.

그날 저녁 장준하는 이발소에서 머리를 빡빡 밀어 버렸습니다. 자신의 의지가 얼마나 굳은가를 보여 주려는 뜻에서였습니다. 그러고는 방으로 돌아와 물건들을 정리하기 시작했습니다. 먼저 일기장을 꺼내고 그동안 자기 손으로 만든 잡지를 모은 다음 유서를 써서 함께 묶고 튼튼한 종이로 쌌습니다. 겉에는 고향 집 주소와 노선삼 여사 댁 주소를 나란히 썼습니다.

나머지 물건들은 모두 마당으로 끌어내 한군데에 쌓았습니다. 이제 죽으러 갈 몸이니 모두 필요 없는 물건들이었습니다. 그는 망설임 없이 물건 더미에 불을 붙였습니다. 불꽃이 활활 타오르며 춤을 추듯 저녁 하늘로 솟아올랐습니다. 장준하는 타오르는 불꽃을 넋을 잃고 바라보았습니다.

다음 날 아침 장준하는 이범석 장군을 찾아갔습니다.

"장군님, 저를 꼭 조국 땅으로 보내 주십시오. 제 소원입니다."

"이번 작전은 무척 위험해. 자칫 목숨을 잃을 수도 있어. 그런데 자네 같은 인재가 목숨을 잃는다면 어찌 되겠나? 자네는 머지않아 조국이 독립하면 새 나라를 건설하는 데 꼭 필요한 사람이야."

"아닙니다. 저는 일본 침략자와 싸우기 위해 지금껏 모든 어려움을 견뎌 냈습니다. 저는 꼭 가야만 합니다."

장준하는 끈질기게 이범석 장군을 설득했습니다. 얼마나 간절하게 말하는지, 장군도 마침내 손을 들었습니다.

1945년 8월 20일, 일본이 항복하여 해방을 맞이한 닷새 뒤에 중국인 전우들과 함께 찍은 사진입니다. 군복을 입고 총을 든 사람들이 광복군입니다.
맨 오른쪽이 장준하이고, 왼쪽에서 두 번째 안경 쓴 사람이 김준엽입니다.

"장 중위의 뜻이 정녕 그렇다면 막을 수 없지. 허락하겠네."

장준하는 기쁨에 겨워 거수경례를 하고 그 자리를 떠났습니다.

이제 광복군 대원들은 언제든지 출동할 준비를 갖추었습니다. 다가오는 8월 20일, 오십여 명의 대원이 먼저 조국 땅으로 들어가게 되었습니다. 대원들은 조를 나누어 비행기와 잠수함으로 서해안에 상륙할 계획이었습니다. 장준하도 그 가운데 한 사람으로, 서울 지역의 정보 수집을 맡았습니다.

대원들은 하루 종일 총과 장비를 손질하며 작전 명령이 떨어지기만 기다렸습니다. 그러던 어느 날 모든 대원들에게 즉시 연병장으로 모이라는 명령이 내려졌습니다.

'아, 출동이구나!'

총을 쥐고 있던 장준하의 손에 힘이 불끈 솟았습니다. 그런데 본부에서는 꿈에도 생각지 못한 놀라운 소식을 전해 주었습니다.

"여러분에게 아주 감격스러운 소식을 전하겠소."

대원들은 쥐 죽은 듯이 이범석 장군의 입에서 나올 말을 기다렸습니다.

"오늘 일본 왕이 연합군에 항복했소. 이제 우리 조선은 해방이 되었고, 전쟁은 끝났소."

"와아!"

"만세! 대한 독립 만세! 만세!"

대원들 사이에서 드높은 함성이 터졌습니다. 모두들

덩실덩실 춤을 추었습니다. 서로 얼싸안고 어쩔 줄을 몰라 했습니다. 하지만 장준하는 그 소식에 그만 맥이 탁 풀렸습니다.

'일본을 우리 손으로 쳐부수려고 했는데……. 원통하다. 너무나 억울해.'

장준하는 그대로 땅바닥에 주저앉고 말았습니다. 가슴속에서 기쁨과 실망이 서로 오갔습니다. 알 수 없는 슬픔이 찌르르 그의 몸을 뚫고 지나갔습니다.

1945년 8월 15일의 해가 산 너머로 지고 있었습니다.

이제 장준하에게는 작전 명령 대신 다른 명령이 떨어졌습니다. 그것은 임시 정부가 조국으로 돌아갈 길을 마련하는 일이었습니다.

"상하이로 가서 미국 해군 제7함대와 협상해 보시오."

임시 정부의 명령을 받은 장준하는 잔뜩 풀이 죽은 채 상하이로 떠났습니다.

'이게 무슨 꼴인가! 조국이 해방되었건만 30여 년 동안 독립을 위해 싸운 임시 정부는 조국으로 돌아갈 길도

해방 후 귀국을 앞두고 충칭 대한민국 임시 정부의 요인들이 찍은 기념 사진입니다. 뒤에 보이는 건물이 임시 정부 청사입니다. 앞줄 왼쪽에서 네 번째에 김구 주석의 모습이 보입니다.

막막하구나!'

 장준하는 김구 선생과 임시 정부 지도자들을 모시고 조국으로 당당하게 돌아가지 못하는 게 분했습니다. 게다가 미군과 벌인 협상도 뜻대로 되지 않았습니다. 그러는 사이 두 달이 훌쩍 지나 버렸습니다.

 그때 상하이로 조선 청년 수천 명이 모여들었습니다. 일본군에 있다가 일본이 항복하자 부대를 나온 이들이었습니다. 모두들 조국으로 돌아갈 날만 기다리고 있었습니다.

 그런데 그들 가운데 독립운동가나 광복군 행세를 하는 자들이 있었습니다. 그자들은 동포들을 괴롭히면서 갖은 거드름을 다 피우곤 했습니다.

 박정희라는 자도 그 가운데 한 사람이었습니다. 그는 일본군 중위였으며, 일본 이름은 다카키 마사오였습니다. 다카키 마사오는 해방이 되자 이름을 조선 사람이었을 때의 박정희로 되돌리고 애초에 광복군이었던 양 행세했습니다.

 다카키 마사오는 조선 사람이면서도 일본 침략자들에게 충성을 바친 자였습니다. 그래서 일본 육군 사관학교를 졸업할 때 일본 육군 대신이 주는 상을 받기도 했습니다. 그는 일본군 중위가 되어 중국군과 우리 독립군을 상대로 싸웠습니다.

장준하는 그런 나쁜 자들을 혼내 주리라 생각했습니다. 그러던 어느 날 드디어 그들 무리와 마주치게 되었습니다.

"당신들은 부끄럽지도 않소? 당신들은 왜놈들에게 충성하고, 독립군을 잡아 죽이는 일에 앞장서지 않았소? 그런데 해방이 되자마자 이토록 달라질 수 있단 말이오?"

장준하의 호통에 그들은 감히 한마디도 대꾸하지 못했습니다. 장준하는 목소리를 낮추어 타이르듯 말했습니다.

"이제라도 늦지 않았으니 과거를 반성하고 진실한 사람이 됩시다. 그러면 동포들은 당신들이 저지른 지난 잘못을 욕하지 않을 겁니다."

그들은 모두 고개를 숙였습니다.

장준하는 자기가 혼쭐을 낸 사람들 중 하나였던 박정희가 훗날 대통령이 될 줄은 꿈에도 몰랐습니다. 또한 자기가 죽음을 무릅쓰고 박정희와 싸우게 될 줄은 상상조차 하지 못했습니다.

눈물 젖은 귀국길

1945년 11월 23일.

상하이 장완 비행장에는 미군 수송기 한 대가 요란한 프로펠러 소리를 내며 서 있었습니다.

'드디어 중국 땅을 떠나는 건가?'

장준하는 비행기에 오르며 뒤를 돌아보았습니다. 비행장 울타리 밖으로 임시 정부 사람들을 배웅 나온 교포들이 보였습니다. 교포들은 기뻐서 소리치며 손을 흔들고 있었습니다.

'해방된 지 석 달이 지나서야 겨우 미군 비행기를 얻어 타고 돌아가다니……. 앞으로 임시 정부는 어떻게 될까? 김구 선생은 국민의 지도자가 될 수 있을까?'

장준하는 비행기 좌석에 앉아 생각 속으로 빠져들었습니다. 그는 지금 광복군 대위이자 김구 선생의 비서가 되어 조국으로 돌아가는 길입니다. 그도 임시 정부의 당당한 한 사람이지요.

비행기에는 김구 선생과 임시 정부 지도자들이 타고 있었습니다. 장준하는 문득 김구 선생을 바라보았습니다. 김구 선생은 자리에 몸을 기대고 두 눈을 감고 있었습니다.

"모두 안전띠를 매십시오."

미군 안내원이 큰 소리로 외쳤습니다. 비행기가 곧 하늘로 날아올랐습니다. 창밖으로 검푸른 바닷물을 내려다보고 있던 장준하에게는 세 시간이 마치 3년이라도 되는 것처럼 지루하게 느껴졌습니다.

"아아! 보인다, 보여. 조국 땅이 보인다!"

갑자기 비명 같은 외침이 들렸습니다. 모두들 창문으로 눈길을 돌렸습니다. 끝없이 펼쳐진 바다 위로 하나둘 섬이 나타나기 시작했습니다. 곧이어 육지가 조금씩 모습을 드러냈습니다. 그때 누군가 나직이 애국가를 부르기 시작했습니다. 장준하도 어느새 따라 부르고 있었습니다. 중국 땅에서 수없이 눈물을 흘리며 불러 본 애국가였습니다. 비행기 소음 속에서도 애국가 소리는 귀가 먹먹할 정도로 점점 커졌습니다.

"무궁화 삼천리 화려 강산……."

모두들 눈물을 철철 흘렸습니다. 어떤 이는 두 주먹을 쥐고 흔들며 어쩔 줄을 몰라 했습니다. 또 어떤 이는 노래를 부르는 게 아니라 그저 큰 소리로 울고만 있었습니다.

장준하도 애국가를 끝까지 부르지 못하고 그만 울음을 터뜨렸습니다. 김구 선생도 안경 밑으로 굵은 눈물을 주르르 흘리고 있었습니다.

비행기는 김포 비행장에 닿았습니다. 비행기가 멈추자 누가 먼저랄 것도 없이 앞다투어 내렸습니다. 김구 선생은 내리자마자 땅에 엎드려 얼굴을 비볐습니다. 장준하도 얼굴을 땅에 대고 조국의 냄새를 맡았습니다. 향기로운 흙냄새가 코끝으로 솔솔 풍겨 왔습니다.

일행은 그 자리에서 묵념을 올렸습니다. 모두들 고개를 숙이고 나라를 위해 싸우다 먼저 세상을 떠난 애국자들을 생각했습니다.

장준하는 묵념을 마치고 사방을 둘러보았습니다. 온통 허허벌판이었습니다. 어디에도 민족 지도자들을 환영 나온 사람들은 없었습니다. 일행을 태우고 갈 미군 장갑차만 줄을 지어 서 있을 뿐이었습니다. 장갑차에 탄 미군 운전사들은 장준하 일행을 멍하니 내려다보고 있었습니다.

'조국의 독립을 위해 평생을 싸운 독립 투사들을 환영해 주는 사람이 아무도 없다니. 우리 동포들은 김구 선생이 오시는 줄도 모르고 있구나.'

이윽고 일행은 미군 장갑차를 타고 서울로 떠났습니다.

털털거리는 장갑차 속에서 장준하는 우리 민족의 힘으로 나라를 되찾지 못한 게 너무나도 분했습니다. 꿈에도 그리던 조국에 돌아왔건만, 장준하는 마음이 편하지 않았습니다.

일행이 간 곳은 서울 서대문 근처에 있는 경교장이었습니다. 그곳이 앞으로 김구 선생이 살게 될 집이었습니다. 장준하도 경교장에서 김구 선생을 돕게 되었습니다. 장준하는 늘 광복군 복장을 단정하게 입고 있어서 누가 보아도 늠름한 군인이었습니다.

조국에 돌아온 이튿날 저녁이었습니다. 장준하가 저녁을 먹고 있는데, 김구 선생이 불렀습니다. 그는 먹고 있던 밥상을 물리고 김구 선생의 방으로 올라갔습니다.
"어서 와요, 장 목사! 연설문 좀 써 주시오."
김구 선생은 언제나 장준하를 장 목사라고 불렀습니다. 장준하가 예전에 신학도였기 때문입니다. 그래서 가까운 사람들도 가끔은 장준하를 장 목사라고 부르곤 했습니다.
"제가요?"
"그렇소. 내가 조국에 돌아와 처음으로 국민들에게 보내는 인사말이니 장 목사가 써 주면 좋겠소. 2분 동안 읽을 수 있게 해 주시오."
"2분이라고 말씀하셨습니까?"
"그렇소. 미 군정청의 명령이라오. 그것도 겨우 허락해 주는 거라니 어쩌겠소."
김구 선생은 한숨을 내쉬었습니다. 장준하는 울컥 억울한 생각이 들었습니다.

우리나라는 아직도 완전히 독립한 게 아니었습니다. 일본이 쫓겨난 대신 우리 땅에는 미군과 소련군이 들어왔습니다. 그들은 우리나라를 38선에서 남북으로 나누어 남쪽은 미국이, 북쪽은 소련이 다스렸습니다.

우리 땅을 다스리게 된 미국과 소련은 대한민국 임시 정부를 우리 국민의 정부로 인정하지 않았습니다. 따라서 김구 선생도 우리 국민의 대표자로 보지 않았습니다.

'대한민국 임시 정부의 주석이 국민들에게 할 말도 다 못 하다니, 나라의 독립을 우리 손으로 이루지 못한 대가가 정말 크구나. 나라는 남북으로 갈라지고, 민족을 배신한 자들은 아직도 버젓이 살아 있으니……. 아아, 이 땅은 아직 우리의 나라가 아니야.'

장준하는 슬픈 마음으로 방에 돌아와 오랫동안 생각에 잠겼습니다. 2분이라는 짧은 시간 안에 김구 선생의 마음을 국민에게 전해야 했습니다. 생각에 생각을 거듭한 끝에 장준하는 천천히 연필을 들었습니다.

친애하는 동포 여러분!
27년간이나 꿈에도 잊지 못하고 있던 조국 강산에 발을 들여놓게 되니 감개무량합니다. 나는 지난 5일 충칭을 떠나 상하이로 와서 22일까지 머물다가 23일 상하이를 떠나 당일 서울에 도착하였습니다. 나와 동지 일동은 한갓 평민의 자격을 가지고 돌아왔습니다.
앞으로는 여러분과 같이 우리의 독립 완성을 위하여 전력하겠습니다. 앞으로 전국 동포가 하나가 되어 우리의 국가 독립의 시간을 최소한도로 단축시킵시다.
앞으로는 여러분과 접촉할 기회도 많을 것이고 말할 기회도 많겠기에, 오늘은 다만 나와 동지들이 무사히 이곳에 도착하였다는 소식만을 전합니다.

단숨에 이렇게 써 내려간 장준하는 한숨을 내쉬었습니다. 하고 싶은 말은 아주 많았지만, 어쩔 수가 없었습니다.
"잘 썼구먼. 잘 썼어!"
김구 선생은 만족스러워하며 곧장 방송국으로 떠났습니다.
장준하는 홀로 남아 라디오에서 흘러나오는 김구 선생의 연설을 들었습니다. 꼭 2분 만에 연설은 끝났지만, 그는 오래도록 자리에서 일어날 줄을 몰랐습니다. 남북으로 갈라진 민족의 앞날이 자꾸만 걱정되었습니다.

장준하가 학병으로 떠난 뒤 식구들은 하루하루를 걱정으로 보냈습니다. 그가 일본군을 탈출한 것도 광복군이 된 것도 까맣게 몰랐습니다. 그러나 김희숙만은 달랐습니다.
'그이는 분명 탈출에 성공했을 거야.'
김희숙은 장준하가 보낸 마지막 편지를 보고서 그가 이미 탈출한 줄 알았습니다.
"앞이 보이지 않는 대륙에 발을 옮기며 내가 벨 돌베개를 찾고 있소."
이 구절을 읽을 때 김희숙은 온몸으로 전류가 흐르는 느낌을 받았습니다. 그리고 편지 끝에 쓰여진 성경 말씀을 보고 탈출했으리라는 믿음을 얻었습니다. 그때부터 김희숙은 가슴속에 남모르는 비밀을 간직했습니다.
'나는 독립 투사의 아내로서 아무리 어려운 일이 닥쳐도 꿋꿋하게 견뎌야 해.'
혼자서만 가슴속에 간직한 비밀은 김희숙에게 큰 힘

을 주었습니다. 김희숙과 식구들은 꿋꿋하게 살아 나갔습니다. 언젠가는 해방이 오고, 해방이 오면 장준하가 돌아오리라는 기대를 버리지 않았습니다.

과연 해방이 찾아왔습니다. 하지만 장준하에게서는 아무런 소식도 없었습니다.

"준하에게 무슨 일이 생기기라도 한 걸까? 해방이 된 지 벌써 넉 달이 넘었는데, 왜 아무런 소식도 없단 말이냐?"

부모님은 날이 갈수록 근심에 싸였습니다. 해방은 한여름에 찾아왔건만 어느덧 겨울이 되었습니다. 장준하를 기다리는 식구들의 마음에는 차디찬 겨울바람이 일었습니다.

그러던 어느 날 웬 낯선 사람이 김희숙을 찾아왔습니다.

"댁이 장준하 씨의 부인 되는 사람입니까?"
"네, 맞는데요. 무슨 일로……."
"장준하 씨가 보낸 편지를 가져왔습니다."
"네에?"

김희숙보다 다른 식구들이 먼저 놀랐습니다. 모두들

장준하와 김희숙이 노선삼 여사와 함께 찍은 사진입니다. 중국에 가 있던 남편을 대신하여 세 딸을 키운 노선삼 여사의 모습이 여장부답습니다.

자리에서 일어나 편지 주위로 몰려들었습니다. 장준하가 보낸 편지는 아주 짤막했습니다. 지금 서울에 와 있으니 어서 서울로 오라는 말뿐이었습니다.

"애야, 네가 당장 서울로 가 보아라. 가서 연락하는 대로 우리도 찾아가마."

장석인 목사와 어머니의 말에 김희숙은 손가방 하나만 들고 장준하를 찾아 서울로 왔습니다. 꼭 2년 만에 만나는 남편이었습니다.

"그동안 얼마나 고생이 많았소."

2년 만에 만난 아내에게 장준하가 한 첫마디였습니다. 김희숙은 살아서 돌아온 남편을 보는 순간, 그동안 쌓인 마음고생이 순식간에 녹아 버렸습니다. 두 사람은 곧 김구 선생에게 인사를 하러 갔습니다.

"남편을 전쟁터로 보내고도 꿋꿋하게 참고 기다렸으니, 참 장한 일이오."

김구 선생은 빙그레 웃으며 김희숙 앞으로 조그만 상자를 내밀었습니다. 그 속에는 금가락지 하나가 들어 있었습니다.

장준하와 김희숙에게는 김구 선생이 준 금가락지가

결혼 선물이나 마찬가지였습니다. 두 사람은 어려운 시절에 혼례를 올려 반지 하나도 주고받지 못했습니다.

김희숙은 태어나서 처음으로 가져 본 금가락지가 신기하기만 했습니다. 자꾸만 만져 보고 손톱으로 눌러 보기도 했습니다. 더구나 김구 선생이 준 것입니다.

"이것 봐요. 손가락으로 꼬옥 누르니 물렁물렁해요."

김희숙은 틈만 나면 금가락지를 보며 웃음 짓곤 했습니다.

그러던 어느 날 김희숙은 웬 보따리 하나를 들고 집에 돌아왔습니다. 김희숙은 장준하 앞에 보따리를 펼치더니 양복 한 벌과 구두 한 켤레를 꺼냈습니다.

"여보, 낡은 군복 좀 벗고 이 양복을 입어 보세요. 어서요!"

"아니, 당신이 무슨 돈이 있다고 이런 걸 사 왔소?"

장준하는 뜻밖이라는 얼굴로 김희숙을 바라보다가 문득 뭔가 생각난 듯 아내의 손을 당겼습니다. 그러고는 손가락을 살펴보았습니다. 아내의 손가락에 끼워져 있어야 할 금가락지가 없었습니다.

"당신, 그 금가락지를……."

"저한테 금가락지가 어울리기나 하나요? 나중에 잘 살게 되면 금가락지야 얼마든지 마련할 수 있어요. 당신도 이젠 낡은 군복일랑 벗고 양복을 입도록 하세요."

 김희숙은 장준하에게 붙잡힌 손을 빼내며 말했습니다. 그러고는 장준하에게 양복을 입혀 보려고만 했습니다. 장준하는 김희숙의 애틋한 마음에 코끝이 찡해졌습니다.

전쟁 속에서 태어난 『사상계』

 장준하와 김희숙은 서울에서 살게 되었습니다. 식구들도 모두 서울로 이사했습니다. 오랜만에 식구들이 모여 살게 된 것입니다. 하지만 그 기쁨도 오래가지 않았습니다.

 그때 우리나라는 통일은커녕 두 나라로 갈라질 운명이었습니다. 미국과 소련은 서로 남쪽과 북쪽을 차지하고서 자기들을 지지하는 정부를 세우려고 했습니다.

 김구 선생을 비롯한 지도자들은 갈라진 나라를 통일시키려고 애썼습니다. 위험을 무릅쓰고 남과 북을 오가며 하나로 뭉치자고 외쳤습니다. 그러나 그런 노력은 아무런 열매도 맺지 못했습니다.

마침내 남쪽에는 미국의 지지를 받아 대한민국 정부가 수립되고, 이승만이 대통령이 되었습니다. 곧이어 북쪽에서도 김일성이 주석이 되어 조선 민주주의 인민 공화국이 생겼습니다.

'이제 통일은 어려워지고 말았어. 한 민족이 두 나라로 갈라졌으니 어찌 평화로울 수 있을까.'

장준하의 걱정은 맞아떨어졌습니다.

1949년 6월 26일, 김구 선생은 안두희라는 포병 소위가 쏜 총을 맞고 세상을 떠났습니다. 암살자 안두희는 나라를 자기들 욕심대로 이용해 먹으려는 민족 반역자들의 하수인이었습니다. 민족 반역자들은 남북으로 갈라진 나라를 통일하고 민족을 배신한 사람들을 벌하자는 김구 선생이 두려웠던 것입니다.

김구 선생이 세상을 떠나자 장준하는 땅을 치며 통곡했습니다. 그는 쓰린 눈물을 흘리며 다짐했습니다.

'나는 죽는 날까지 김구 선생의 나라 사랑하는 마음과 통일 정신을 잊지 않겠다. 다시는 못난 조상이 되지 않겠다는 내 결심을 지켜 나가겠다.'

이제 장준하에게는 목숨을 바쳐서라도 통일을 이루

려 했던 김구 선생의 정신만 남았습니다.

그러나 시련은 아직 끝나지 않았습니다. 1950년 6월 25일, 북한 인민군의 침공으로 남북 사이에 전쟁이 일어난 것입니다. 전쟁이 터지자 인민군이 사흘 만에 서울을 점령했습니다. 갑작스러운 난리에 놀란 시민들은 집을 버리고 사방으로 몸을 피하기에 급급했습니다.

"우리도 어서 피난을 갑시다. 가만있다간 무슨 일을 당할지 모르겠소."

장준하 가족은 서울을 떠나 가장 안전한 부산으로 가기로 했습니다. 그때 부산은 서울을 대신하는 임시 수도였습니다.

부산은 피난민들로 북적거렸습니다. 고향과 집을 떠나온 사람들이 넘쳐 나다 보니 사람들이 살 집이 부족했습니다. 사람들은 아무 산비탈에나 터를 잡고 움집을 지었습니다. 부모를 잃은 아이들은 거지가 되어 떠돌아다녔습니다.

장준하 가족은 다행스럽게도 작은 방 한 칸을 얻을 수 있었습니다. 그런데 힘든 피난길을 오는 동안 어린 딸이 그만 병에 걸리고 말았습니다. 딸은 온몸에 불덩이처럼 열이 오르고 차츰 생기를 잃어 갔습니다.

"엄마, 엄마······."

아직 말도 잘 못 하는 딸은 신음 소리를 내며 엄마만 찾았습니다. 김희숙은 마음이 찢어지는 듯했습니다.

"여보, 이 애를 어떻게 좀 해 봐요. 어디 약이 있는 병원을 찾아보세요."

장준하는 신음하는 딸을 안고 이 거리 저 거리로 병원을 찾아 헤맸습니다. 하지만 용케 의사를 만나도 어쩔 도리가 없었습니다. 전쟁 중이라 약조차 없었던 것입니다. 며칠을 심하게 앓고 난 딸은 결국 가녀린 숨을 거두고 말았습니다.

"페니실린 주사 한 대만 있었어도······. 주사 한 대만 있었어도 그 애를 살릴 수 있었어요. 흐흐흐흑······."

"······."

치료 한 번 못 해 보고 딸을 잃은 장준하는 그만 넋을 놓고 말았습니다. 아내의 울음소리도 들리지 않는지 멍하니 천장만 쳐다보고 있었습니다.

장준하는 사흘 동안을 물 한 모금 마시지 않았습니다. 슬픔이 그의 목을 꽉 움켜쥐고 있었습니다. 눈물도 나오지 않았습니다.

장준하는 전쟁을 겪으며 딸아이를 저세상으로 떠나보냈습니다. 어린 시절 사랑으로 감싸 주던 할아버지와 어머니도 세상을 떠났습니다. 사랑하는 동생 익하도 어디론가 사라져 소식이 끊겼습니다.

전쟁은 장준하 가족에게만 슬픔을 준 건 아니었습니다. 남북을 가리지 않고 전쟁이 할퀴고 지나가지 않은 곳이 없었습니다. 수많은 사람들이 죽었고, 그보다 더 많은 사람들이 식구들과 헤어지고 집을 잃었습니다. 그런데 전쟁으로 잃은 게 사랑하는 식구들뿐일까요? 아까운 집과 재산뿐일까요?

장준하는 가족을 잃은 시름에 잠겨 부산 거리를 마냥 돌아다녔습니다. 거리마다 고아가 된 아이들, 불구가 된 사람들 그리고 굶주림에 지쳐 쓰러진 사람들이 널려 있었습니다. 사람들의 모습에서 생기란 찾아볼 수 없었습니다.

'우리 국민들 마음까지 아주 폐허가 되고 말았어.'

장준하는 자신을 돌이켜 보았습니다.

'나는 나라 잃은 슬픔도 이겨 내며 살아왔다. 언젠가

는 일본 침략자들을 몰아내고 말겠다는 굳센 정신이 있었기 때문이다. 그런데 이제 옛날의 굳센 정신은 다 어디로 갔는가?'

피난지 부산 거리에서 장준하는 자기가 할 일을 생각했습니다. 그때 장준하를 아끼던 사람이 새 일자리를 맡겨 왔습니다. 장준하를 부른 사람은 문교부 장관(지금의 교육부 장관) 백낙준 박사였습니다.

"이번에 정부에서 국민사상연구원이라는 기관을 만들었네. 마침 책임자가 필요한데, 자네가 맡아서 일하게나."

"그곳에서 제가 할 일이 있겠습니까?"

"있다마다. 국민사상연구원은 실의에 빠져 있는 국민 정신을 바로 세우는 일을 하게 된다네. 잡지도 만들 계획이야."

"잡지를요?"

장준하는 잡지라는 말에 귀가 번쩍 띄었습니다. 더구나 국민 정신을 바로 세우자는 잡지라면 자기가 할 일인 듯싶었습니다.

장준하는 백낙준 박사의 말에 따라 국민사상연구원

의 사무국장이 되었습니다. 장관의 약속대로 그는 『사상』이라는 잡지를 만드는 일을 맡았습니다. 그는 이미 잡지를 만들어 본 경험이 두 번 있었습니다. 광복군 시절에 만든 『등불』과 『제단』이 바로 그것이지요. 『사상』은 그에게 세 번째 잡지가 되는 셈입니다. 이번에는 널찍한 사무실과 제대로 된 인쇄소도 있고 책을 만들 종이도 넉넉했습니다.

그런데 『사상』은 잘 팔리지 않았습니다. 네 권까지 냈는데 팔리지 않고 되돌아오는 책이 훨씬 더 많았습니다.

'국민 정신을 바로잡자는 잡지를 국민들이 사 읽지 않으면 무슨 소용이람. 그런데 국민들은 왜 이 잡지에 관심이 없을까? 왜?'

오랜 생각 끝에 장준하는 그 까닭을 알아냈습니다.

'맞아! 『사상』은 정부에서 만들어 낸 잡지라 인기가 없는 거야. 국민들은 정부가 잘못한 일이 있을 때 용기 있게 비판하는 민주 언론을 바라는 거야. 그래, 많은 사람이 찾는 잡지가 되려면 아무리 어렵더라도 정부의 도움 없이 잡지를 만들어야 해.'

이렇게 결심한 장준하는 국민사상연구원을 미련 없

이 그만두었습니다. 정부에서는 붙들었지만 그는 사무실에 나가지 않았습니다. 그 대신 새로운 잡지를 만들 준비를 해 나갔습니다.

"선생님께서 꼭 원고를 써 주셔야 합니다. 부탁입니다."

"허어, 세상에 처음 본 사람이 무조건 원고만 써 달라니……. 그래, 당신이 아무리 뜻이 있다지만 빈손으로 무슨 잡지를 만들겠다는 게요?"

"선생님, 저는 언론이란 정신으로 하는 것이지 돈으로 하는 게 아니라고 믿고 있습니다. 원고료는 나중에 꼭 드리겠습니다. 이번에 내는 잡지에 선생님의 글이 꼭 필요합니다."

"허허허, 참! 좋아요. 당신 뜻이 가상해서 원고를 써 주겠으니 부디 잡지나 낼 수 있길 바라오."

이희승 선생은 껄껄 웃으며 허락했습니다. 도무지 장준하의 고집을 당해 낼 수 없었습니다.

허락을 얻은 장준하는 아내가 기다리고 있는 찻집으로 달려갔습니다. 이희승 같은 훌륭한 국어학자의 글을 받게 되었다는 뿌듯함이 가슴속에 가득 찼습니다. 아내는 커다란 가죽 가방을 안고 찻집 구석에 앉아 기다리고 있었습니다.

"여보, 이희승 선생님께 갔던 일은 어떻게 됐나요?"

"잘 되었소."

"참 재주도 좋습니다. 어떻게 했기에 허락을 받아 냈어요?"

"다 수가 있소. 그건 비밀이오."

"예? 별스러운 비밀이 다 있군요."

"자세한 얘기는 나중에 하기로 하고, 우선 일부터 합시다."

김희숙은 안고 있던 가죽 가방을 열고 원고 뭉치와 펜을 꺼냈습니다. 가방 속에는 원고와 필기구 따위가 가득했습니다.

'언론이란 정신으로 하는 것이지, 돈으로 하는 게 아니다.'

한 장 한 장 원고를 읽어 가며 장준하는 자기가 이희승 선생에게 한 말을 되새겼습니다. 자신이 잡지를 만드는 동안 이 한마디를 잊지 않겠다고 다짐했습니다.

새 잡지를 시작한 장준하에게는 정말로 돈이 없었습

니다. 생계도 겨우 굶지 않을 지경이었으니 사무실이 있을 리도 없지요. 그래서 찻집에서 차 한 잔을 시켜 놓고 하루 종일 일했습니다. 아내도 일할 도구를 담은 무거운 가방을 들고 다니며 도왔습니다.

"자, 우리 점심을 들도록 합시다."

장준하는 앞에 놓인 찻잔을 들어 아내 앞에 놓인 찻잔과 부딪쳤습니다. 아내도 살짝 웃으며 찻잔을 들었습니다. 두 사람은 다 식은 차를 꿀꺽꿀꺽 마셨습니다. 그것으로 점심 식사가 끝났습니다.

장준하는 교통비를 아끼느라 멀리 떨어진 인쇄 공장까지 걸어다녔습니다. 인쇄비는 나중에 갚아 주기로 약속했습니다. 그런데 한 가지 어려움이 생겼습니다. 다른 건 몰라도 동판만은 외상이 되지 않았습니다.

잡지에는 글이 가장 많지만, 사진과 그림도 있습니다. 사진과 그림은 구리로 만든 동판으로 옮겨서 종이에 찍어 내야 합니다.

"이거 큰일인걸. 가난한 피난살이에 동판값을 어디서 마련하나? 사진이나 그림도 없는 잡지를 낼 수는 없고 말이야. 이 일을 어쩐다?"

장준하는 돈 걱정에 빠졌습니다. 그는 돈에 발목이 잡혀 오도 가도 못 할 지경이 되고 말았습니다.

"돈 걱정 하느라 당신 피가 다 마르겠어요. 자, 여기 이 돈 쓰세요."

걱정에 싸여 돌아온 장준하에게 김희숙이 불쑥 돈 다발을 내밀었습니다.

"이 돈 어디서 났소? 정말 내가 써도 되는 돈이오?"

"그건 비밀이에요. 하지만 당신 마음껏 써도 된답니다."

그 돈은 김희숙이 겨울 외투와 옷가지를 팔아서 마련한 돈이었습니다.

"고맙소. 당신 마음은 결코 잊지 않겠소."

장준하는 아내의 손을 붙잡고 기뻐서 어쩔 줄 몰랐습니다.

두 사람이 힘을 합쳐 노력한 끝에 마침내 잡지가 인쇄되었습니다. 그리고 한 권 한 권 묶여서 책이 나왔습니다.

사상계.

두 사람은 하얀 표지에 큼지막하게 제목이 쓰여진 잡

아내 김희숙은 장준하와 생각을 함께 나누는 가장 든든한 동지였습니다.

지를 두 손으로 소중하게 쓸어 보았습니다. 한 권 한 권 갓 태어난 아기 대하듯 만져 보았습니다.

1953년 4월, 『사상계』는 이렇게 세상에 태어났습니다. 언론은 돈이 아니라 정신으로 만든다는 장준하의 생각이 이긴 순간입니다. 또한 언론인 장준하가 태어난 순간이기도 했지요.

이제 『사상계』를 책방으로 배달하는 일이 남았습니다. 장준하와 김희숙은 손수레에 가득 『사상계』를 싣고 부산 거리로 나섰습니다.

"조금만 힘을 내요. 이 고개만 넘으면 돼요."

"문제없어요."

장준하는 수레를 끌고 아내는 밀었습니다. 꼭 손수레 장사꾼 부부 같았습니다. 두 사람은 손수레를 끌고 밀며 부산에서 가장 큰 동양서점으로 갔습니다.

"이번에 새로 나온 『사상계』라는 잡지입니다. 앞으로 다달이 빠짐없이 나옵니다. 정성을 다해 만들었으니 받아 주십시오."

장준하는 책방 주인에게 『사상계』를 내밀었습니다. 그러나 책방 주인은 『사상계』를 힐끔 보더니 고개를 살래살래 흔들었습니다.

"요즘 같은 전쟁통에 그런 책은 안 팔립니다."

"그러면 서점 책꽂이에 꽂아 두기라도 해 주십시오. 부탁입니다."

"글쎄요······. 정 그렇다면 꽂아 두기는 하겠소."

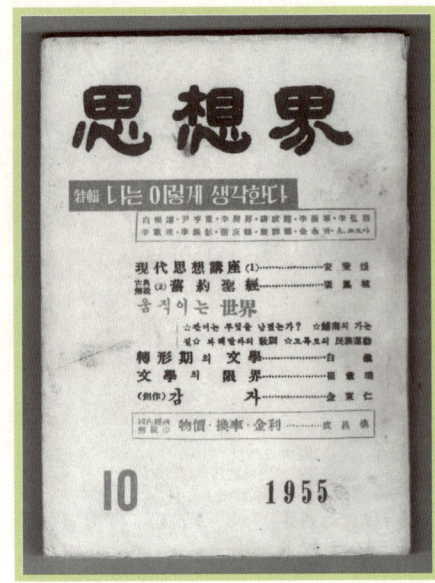

초창기 『사상계』의 표지입니다. 호를 거듭할수록 지식인 독자들의 큰 호응을 얻었습니다.

책방 주인은 『사상계』 몇 권을 받아 책꽂이에 꽂았습니다. 장준하는 안도의 숨을 내쉬었습니다.

장준하 부부는 며칠 동안 부산 시내를 돌아다니며 책방마다 『사상계』를 배달했습니다. 그리고 나서 며칠 뒤 장준하는 처음 찾아갔던 동양서점으로 가 보았습니다. 『사상계』가 얼마나 팔렸는지 궁금했습니다.

"아, 장 선생 오셨습니까? 그러잖아도 선생을 찾고

있던 참입니다."

"저를요?"

"그래요. 지난번 장 선생이 맡긴 『사상계』가 며칠 사이에 다 팔렸습니다. 더 보내 줘야겠어요."

"당장 보내 드리고말고요."

장준하는 날 듯이 창고로 달려갔습니다. 자기가 만든 『사상계』가 사람들에게 인기가 있다는 게 무척이나 기뻤습니다. 책을 배달하는 발길은 더욱 빨라졌습니다.

『사상계』 창간호는 큰 성공을 거두었습니다. 처음 장준하가 배달하러 갔을 때에는 고개를 저었던 책방에서도 책을 더 보내 달라고 아우성이었습니다. 장준하는 구두 밑창이 닳도록 온 부산 시내를 뛰고 또 뛰었습니다.

참된 언론인의 길

『사상계』가 성공을 거두자 장준하는 더욱 바빠졌습니다. 그는 신바람이 나서 힘든 줄도 모르고 일했습니다.

어느 날 장준하는 그동안 만든 『사상계』를 들고 백낙준 박사를 찾아갔습니다.

"선생님께서 도와주셔서 이런 잡지를 만들게 되었습니다."

"내가 뭘 도왔다고……. 벌써 다 봤네만, 잡지에 읽을거리가 참 많더군. 그래서 나도 좋은 글 한 편을 소개하겠네."

"어떤 글입니까?"

"정인보 선생이 쓴 「양명학 연론」이라는 글인데, 우

리 국민들이 꼭 읽었으면 해. 20년 전에 동아일보에 실렸던 글이니 꼭 찾아서 『사상계』에 다시 실어 보게."

그 말을 듣고 장준하는 곧장 서울로 올라갔습니다. 『사상계』와 독자를 위해서 좋은 글이 꼭 필요했기 때문입니다.

전선에서는 아직도 전투가 그치지 않았지만, 국군과 유엔군이 수복한 서울은 일상을 찾아가고 있는 중이었습니다. 장준하는 지체 없이 국립 도서관으로 갔습니다. 그곳이라면 옛날에 나온 동아일보도 보관되어 있을 테니까요. 도서관에 있는 동아일보에는 먼지가 수북이 쌓여 있었습니다. 한 장 한 장 신문을 넘길 때마다 뽀얀 먼지가 풀풀 날렸습니다. 장준하는 기침을 참아 가며 마침내 「양명학 연론」을 찾아냈습니다.

'신문을 가져갈 수는 없을 테니 옮겨 적는 수밖에 없겠군.'

장준하는 도서관에 앉아 「양명학 연론」을 공책에 옮겨 적기 시작했습니다. 그는 밥 먹는 것도 잊고 글을 옮기는 데에만 열중했습니다. 혼자 『사상계』를 만드는 처지여서 한시라도 빨리 부산으로 돌아가야 했습니다. 밤이 깊어지면 여관에서 자고, 새벽에 다시 도서관을 찾으면서 일주일 만에야 겨우 다 옮겨 적을 수 있었습니다.

이처럼 『사상계』를 만드는 일은 장준하 혼자서 하기에는 몹시 벅찼습니다. 『사상계』가 널리 읽힐수록 할 일은 점점 더 많아졌습니다.

3년 동안 온 나라를 피로 물들였던 전쟁이 끝나자, 장준하는 마침내 서울로 돌아가게 되었습니다. 유엔군과 인민군은 휴전을 했고 나라는 다시 남과 북으로 갈라졌습니다.

'다시 두 나라로 갈라지려고 그렇게나 많은 피를 흘렸단 말인가!'

서울로 가는 기차에서 장준하는 지난 일을 떠올리며 가슴을 쓸어내렸습니다. 이제 북쪽에 있는 고향에 다시 가지 못할 거라고 생각하니 가슴이 아팠습니다.

서울로 온 뒤 『사상계』는 더욱 발전했습니다. 『사상계』를 읽는 독자가 점점 불어나고 직원들도 하나둘 늘어났습니다.

장준하는 달마다 『사상계』 앞머리에 글을 써서 실었

습니다. 그가 쓴 글은 '권두언'이라고 이름 붙였는데, 『사상계』의 얼굴이나 다름없었습니다. 그는 권두언에서 『사상계』가 민족과 나라의 앞날을 밝히는 잡지가 될 것을 맹세했습니다. 그가 쓴 권두언은 독자들에게 널리 읽히고 사랑받았습니다.

어느덧 『사상계』는 나라 안에서 손꼽히는 잡지가 되었습니다. 한 달에 한 번 나오지만, 날마다 나오는 신문 못지않게 독자가 많아졌습니다. 여러 학자들도 좋은 글을 써서 『사상계』를 도와주었습니다.

그 가운데 함석헌이라는 신학자가 있었습니다. 함석헌 선생은 언제나 하얀 한복을 입고 흰 수염을 기르고 있어서 마치 도인처럼 보이는 분으로, 일본이 우리나라를 침략했던 시절부터 학생들을 가르치고 기독교 신학을 연구해 온 학자입니다. 장준하는 중학생 때부터 함석헌 선생 얘기를 듣고 깊이 존경하고 있었습니다. 그래서 선생을 찾아가 글을 부탁했습니다.

함석헌 선생이 쓴 글은 독자들에게 큰 감동을 주었습니다. 그중에서도 「생각하는 백성이라야 산다」라는 글이 가장 유명했습니다. 이 글에서 함석헌 선생은 온 국

함석헌은 폭력과 권위에 저항하며 반독재운동에 앞장섰습니다.

민이 통일을 이루는 데 앞장서자고 외쳤습니다. 그리고 국민의 자유와 권리를 억누르는 이승만 대통령과 못된 정치인들을 비판했습니다. 썩은 정치인들에게 나라를 위해 일하라고 꾸짖었습니다. 장준하도 권두언에서 함석헌 선생과 같은 의견을 말했습니다.

 그 글을 실은 『사상계』가 나오고 며칠 뒤, 웬 험상궂은 사내들이 사무실로 들이닥쳤습니다. 사내들은 다짜고짜 사무실을 뒤지면서 남아 있는 『사상계』를 모조리 빼앗았습니다.

 "당신들은 누구요? 어디서 왔소?"

 그 사내들은 저항하는 장준하를 붙들었습니다. 그는 사내들의 손을 뿌리치며 맞섰지만 억센 사내들을 당해 낼 수 없었습니다. 사내들은 장준하를 낯선 곳으로 끌고 갔습니다. 그곳에는 함석헌 선생도 벌써 잡혀 와 있었습니다.

"당신들이 뭐길래 선량한 시민을 아무 이유도 없이 이렇게 마구 붙잡아 온 거요?"

"뭐? 당신이 선량하다고? 하하하……."

앞에 앉은 사내가 음흉하게 웃으며 말을 이었습니다.

"당신은 공산당 빨갱이보다 더 나쁜 놈이야. 당신이 저 영감쟁이와 짜고 이승만 대통령 각하를 깔보는 글을 실었지? 아주 나라를 망치려고 작정했군그래."

"그게 무슨 소리요? 함 선생님이나 나나 정치인들에게 올바른 정치를 하라고 충고한 것뿐이오."

"충고? 웃기는 소리 마라."

사내는 장준하의 말은 들으려 하지도 않았습니다. 심지어는 예순 살도 넘은 함석헌 선생을 두들겨 패기까지 했습니다.

장준하와 함석헌이 경찰에 붙들려 갔다는 소식이 퍼지자 많은 사람들이 앞다투어 『사상계』를 사 주었습니다. 경찰들이 책방을 돌아다니며 『사상계』를 모조리 빼앗으려 했지만 책방 주인들은 책을 숨기고 없다고 둘러대고는 몰래 팔았습니다. 그래서 그달에 나온 『사상계』는 한 권도 남김없이 팔려 나가는 기록을 세웠습니다.

이승만 정권은 국민들의 눈이 두려워 결국 함석헌 선생과 장준하를 풀어 주었습니다.
 국민들의 생활은 날이 갈수록 어려워졌습니다. 아이들을 학교에 보낼 돈은커녕 끼니를 이을 양식조차 없어 한 가족이 자살해 버린 일까지 있었습니다. 그런 어려운 시절에도 대통령인 이승만은 자기 욕심만 채웠습니다. 대통령으로 오래도록 권력을 누리려고만 할 뿐 국민들이야 어떻게 살든 나 몰라라 했습니다.
 1958년 12월 24일, 이승만 정권은 자기들 마음대로 국민의 자유를 제한할 수 있는 법을 만들려고 했습니다. 그러자 여러 국회의원들이 반대했습니다. 이승만 정권은 경찰을 보내 국회의원들을 지하실에 가두어 놓고 마구 두들겨 팼습니다. 그러고는 자기편 국회의원들끼리 법을 통과시켜 버렸습니다.
 '민주주의 국가에서 어떻게 이런 일이 일어날 수 있는가! 이승만은 하늘이 두렵지도 않단 말인가!'
 장준하는 이승만 정권의 행동에 치를 떨었습니다. 더 이상 할 말이 없었습니다.
 '그런 깡패들 앞에서 내가 무슨 말을 할 수 있을까?'

장준하는 『사상계』의 권두언을 쓰려고 골몰하다가 그만 펜을 내던져 버렸습니다. 겨우 제목만 썼을 뿐입니다. 그래서 그달의 『사상계』에는 제목만 있고 아무런 글도 없는 권두언이 실렸습니다.

독자들은 깜짝 놀랐습니다. 분명히 제목은 있는데 그 아래는 그냥 백지였으니까요. 어떤 사람들은 책이 잘못 만들어졌나 하고 다시 살펴보기까지 했습니다.

'무엇을 말하랴! 국민의 권리를 짓밟는 횡포를 보고.'

하지만 이 제목만 보고도 독자들은 장준하가 무슨 말을 하려는지 알 수 있었습니다.

'언젠가는 국민들이 독재자 이승만을 벌하고 말 것이다.'

장준하는 이를 악물고 언론인의 용기와 국민에 대한 믿음을 잃지 않았습니다. 정말 오래 지나지 않아 그의 믿음이 옳다는 게 밝혀졌습니다.

1960년 3월, 이승만 정권은 대통령 선거에서도 부정을 저질렀습니다. 그러자 이번에는 국민들도 가만 있지 않았습니다. 분노한 시민들이 거리로 나와 이승만 정권을 몰아내는 싸움에 나섰습니다. 많은 학생들과 시민들이 독재자의 경찰이 쏜 총에 맞아 죽었습니다. 하지만 국민들은 끝내 독재자를 몰아내는 싸움에서 이겼습니다.

"민주주의 만세!"

"만세!"

1960년 4월 26일, 이승만은 대통령 자리에서 물러나 미국으로 도망쳐 버렸습니다. 그날 장준하는 시민들과 함께 종로 거리에서 목이 터져라 만세를 불렀습니다.

국민들이 힘을 합쳐 독재자를 몰아내고 민주주의를 지킨 이 운동이 바로 '4·19 혁명'입니다.

시련과 영광

4·19 혁명으로 이승만 독재 정권이 무너진 뒤 국민들은 자유로운 선거로 새 정부를 세웠습니다. 나라 안에는 새로운 기운이 싹트고 국민들의 마음은 희망으로 가득 찼습니다. 장준하와 『사상계』를 만드는 사람들도 의욕이 샘솟았습니다.

어느 날 새로 들어선 민주당 정부에서 사람이 찾아왔습니다.

"장 선생님, 정부에서는 나라를 고루 발전시키기 위해 국토 건설 사업을 시작했습니다. 선생님께서 그 책임을 맡아 주셨으면 합니다."

장준하는 망설였습니다.

"저는 언론인인데, 그런 일을 할 수가 있겠습니까?"

"우리 정부는 선생님이 가장 알맞은 분이라고 믿고 있습니다."

정부에서 온 사람은 장준하를 끈질기게 설득했습니다. 가까운 사람들도 모두 그 사람 편을 들었습니다. 이에 장준하도 승낙하고 말았습니다.

국토 건설 사업을 추진하는 국토건설본부에는 아주 많은 사람들이 참여했습니다. 그래서 장준하는 본부장인 국무총리를 도와 사업을 꾸려 나가는 기획부장으로서 하루하루가 눈코 뜰 사이 없이 바빴습니다.

'새 나라를 건설하려면 먼저 가난한 농촌을 잘살게 해야 한다. 그러려면 먼저 농촌에 들어가 농민들과 함께 일하고 지도할 젊은이들을 길러야 해.'

장준하는 이런 생각으로 자그마치 이천 명이 넘는 젊은이들을 일꾼으로 뽑아 교육한 뒤 전국 방방곡곡으로 보냈습니다. 이제 농촌에 내려간 젊은이들과 더불어 국토 건설 사업은 힘찬 발걸음을 내딛게 될 참이었습니다.

그런데 그때 난데없는 일이 벌어졌습니다. 1961년 5월 16일 새벽, 총과 대포로 무장한 군인들이 반란을 일으켜 국민이 뽑은 민주당 정부를 몰아낸 것입니다. 그들은 나라를 지켜야 할 군인의 본분을 잊고 오히려 정부에 총구를 겨누었습니다. 반란군의 우두머리는 박정희 육군 소장이었습니다. 그는 일본군 장교 출신으로, 장준하가 해방 직후 중국에서 마주친 적이 있는 바로 그 사람이었습니다.

 박정희는 북한이 쳐들어올 것이라며 국민을 불안에 떨게 했습니다. 그리고 자기들만이 나라를 지킬 수 있다고 주장하며 자기들이 저지른 행위를 스스로 '5·16 혁명'이라고 불렀습니다.

 그런 말들이 모두 나라를 자기들 손아귀에 넣기 위한 거짓말이라는 것은 나중에 그들이 저지른 일들을 보면 알 수 있습니다. 그래서 훗날 역사는 박정희와 그의 부하들이 저지른 반역 행위를 가리켜 '5·16 쿠데타'(군사 반란)라고 합니다.

 5·16 쿠데타가 일어나자 나라 안은 삽시간에 뒤바뀌고 말았습니다. 희망에 차 있던 국민들은 총칼을 든 군인들 앞에서 입을 다물었습니다. 새 나라를 건설하려던 계획은 다 흐지부지되었고요.

1960년대의 어느 날, 종로 2가에 있던 『사상계』 사무실에서 장준하(앞줄 오른쪽에서 두 번째)와 동료 직원들이 함께 찍은 사진입니다. 앞줄 맨 오른쪽이 오랜 동지인 김준엽입니다.

 국토 건설 사업을 맡았던 장준하도 하던 일을 그만두었습니다. 그는 다시 『사상계』를 만드는 일로 돌아갔습니다. 그에게는 '사상계'가 바로 고향이었습니다.

 장준하는 나라가 아무리 어려워도 총칼을 든 군인이 나라를 다스리면 안 된다고 생각했습니다. 장준하는 함석헌 선생과 만나 의논했습니다.

 "민주주의 나라에서 군인들이 나라를 다스리다니요? 더구나 박정희는 절대로 안 됩니다. 저는 그자가 어떤 사람인지 잘 알아요."

장준하는 지난날 중국에서 박정희가 저지른 못된 짓들이 생각났습니다.

"동감이에요. 이럴 때 용감하게 진실을 말하는 사람이 진짜 언론인이요, 참된 지식인이지요."

함석헌 선생도 장준하와 뜻을 같이했습니다. 두 사람은 『사상계』를 통해 5·16 쿠데타를 비판하고 군인들은 당장 물러나라고 주장했습니다. 두 사람에게는 국민 말고는 아무도 두려워하지 않는 용기가 넘쳐흘렀습니다.

'이제 그자들이 나를 잡으러 올 것이다.'

장준하는 이렇게 생각하면서도 태연히 자기 할 일을 해 나갔습니다. 과연 『사상계』가 나오고 네댓새 지난 어느 날 험상궂은 군인들 한 패거리가 사무실로 들이닥쳤습니다. 그들은 군홧발로 문을 박차며 들어왔습니다.

장준하는 그날 5·16 쿠데타를 일으킨 군인들이 만든 중앙정보부라는 기관으로 끌려갔습니다. 군복을 입고 권총을 찬 사내가 장준하를 기다리고 있었습니다. 그 사내는 박정희와 함께 5·16 쿠데타를 일으킨 김종필 중앙정보부장이었습니다.

"당신은 나라를 위해 일하는 우리를 도와주지는 못할망정 오히려 욕을 한단 말이오?"

김종필의 위협적인 말투에도 장준하는 의연했습니다.

"좋은 약은 입에 쓴 법이오. 우리는 당신들이 바른 길을 가고 잘되라고 비판하는 것이오."

"이따위 글이 우리가 잘되라는 소리요?"

김종필은 『사상계』를 들고 흔들어 대며 소리쳤습니다.

"지금 많은 언론인들과 학자들은 우리 군사 정부가 힘 있게 나라를 다스려야 새 나라를 만들 수 있다고 야단들입니다. 그러니 당신도 우리를 도와주시오."

이 말을 들은 장준하는 자기도 모르게 벌떡 일어섰습니다.

"도대체 어떤 놈들이 그따위 소리를 한단 말이오? 그런 놈들이야말로 진짜 나라를 망칠 놈들이오. 거리에 나가 아무나 붙들고 물어보시오. 그놈들 말이 맞는지, 내 말이 맞는지."

평소에는 고함치는 법도 없고 욕설이란 입에도 담지 않는 장준하였습니다. 그런데 그의 입에서 이놈 저놈 하는 욕설이 튀어나왔습니다. 장준하는 그날 늦게야 풀려

나왔습니다. 사상계 사무실로 돌아오는 그의 마음은 몹시 슬펐습니다.

'언론인을 탄압하는 사회는 민주 사회가 아니다. 언론의 자유가 없다면 민주주의도 없다. 그러므로 참된 언론인이라면 목숨을 걸고 언론의 자유를 지켜야 한다. 국민들은 모든 일을 알 권리가 있고 언론인은 모든 일을 알릴 권리가 있다. 나는 결코 총칼 따위에 지지 않겠다.'

장준하는 저물어 가는 밤하늘을 쳐다보며 다짐했습니다. 자기 목숨은 일본군에서 탈출하던 그때 이미 나라와 민족에게 바쳤습니다. 아무것도 두려울 게 없었습니다.

하지만 박정희 군사 정권은 어떻게든 장준하의 입을 막고 『사상계』를 없애 버릴 기회만 노리고 있었습니다.

5·16 쿠데타가 일어나기 전 장준하는 민주당 정부로부터 지원금을 받은 적이 있었습니다.

"『사상계』는 나라를 발전시키는 데 앞장선 언론입니다. 그러니 이 돈은 그동안 『사상계』가 나라를 위해 일한 대가로 생각하고 받아 주세요."

그때 김영선 재무부 장관은 장준하에게 지원금을 건네며 이렇게 말했습니다. 김영선 장관은 『사상계』가 빚이 많은 걸 알고 좋은 뜻으로 도와준 것입니다. 그래야 장준하가 아무 걱정 없이 국토 건설 사업을 열심히 할 수 있으니까요.

장준하는 아무리 뜻이 좋아도 언론이 나랏돈을 받는 건 옳지 않다고 생각해서 처음에는 거절했습니다. 그러나 민주당 정부에서는 자꾸만 권했습니다. 장준하도 마침내 빚에 쪼들리는 『사상계』를 구하려고 지원금을 받기로 했습니다.

그런데 이 사실을 알게 된 박정희 정권은 장준하가 나랏돈을 가로챘다는 소문을 퍼뜨렸습니다. 그러고는 장준하에게 '썩은 언론인'이라는 딱지를 붙여 붙들어 갔습니다.

"너, 그동안 돈을 얼마나 처먹었어?"

"그게 무슨 모함이오?"

"어라? 너 김영선한테서 돈 받아먹었잖아? 이것들, 바른대로 대지 않으면 모조리 죽여 버린다."

권총을 찬 젊은 장교는 장준하에게 함부로 반말을 지껄였습니다. 꼭 제정신을 잃은 사람 같았습니다.

'이런 폭력배 같은 사람들에게 무슨 말이 통하겠나?

아아, 무서운 시절이로구나······.'

결국 장준하는 민주당 정부가 『사상계』에 준 지원금을 모두 군사 정권에 돌려줄 수밖에 없었습니다.

'부패 언론인 장준하, 가로챈 돈을 모두 돌려주기로 하다.'

신문과 방송에서는 마치 장준하가 큰 도둑이라도 되는 것처럼 보도했습니다. 그러니 사정을 모르는 국민들 중에는 장준하가 썩은 언론인이라고 믿는 사람이 생길 수밖에 없었습니다.

그 뒤로 『사상계』는 인기가 많이 떨어졌습니다. 달마다 5만 부씩 나가던 책이 절반도 팔리지 않았습니다. 사무실로 전화를 걸어 장준하를 욕하는 독자도 있었습니다. 장준하는 다른 건 몰라도 독자들이 자기를 도둑처럼 여기는 건 견딜 수 없었습니다.

'아무리 뜻이 좋아도 언론이 정부의 돈을 받은 건 역시 잘못이야. 그러니 오해를 받을 수밖에······. 나는 그것을 반성하고, 이럴수록 더욱 용기 있게 참된 언론인의 길을 걸어가야 해. 그러다 보면 오해가 풀리는 날이 오겠지.'

조용하고 인자하게 웃고 있는 1960년대 중반의 장준하입니다. 늘 검은색이나 감색 양복을 단정하게 입었고, 짧게 자른 머리에 검은 테 안경을 썼습니다.

 장준하는 뼈를 깎아 내는 아픔을 참으며 자기 할 일에 열중했습니다. 공휴일에도 쉬지 않고 출근했습니다. 그는 『사상계』와 자기에게 오는 탄압과 오해를 이겨 내려고 있는 힘을 다했습니다.

 그런 장준하에게 생각지도 못했던 영광이 찾아왔습니다.

 1962년 8월, 필리핀 정부에서는 장준하에게 '막사이

사이 상'을 주었습니다. 막사이사이 상은 '아시아의 노벨상'이라고 알려진 큰 상입니다.

장준하 씨는 지식인으로서 새 나라를 세우는 일에 뛰어들어 바르고 공정한 언론으로 큰 공을 세웠다. 잡지를 내면서도 돈을 벌거나 높은 자리를 욕심내지 않았다. 또한 국민들을 올바로 이끌어 자유로운 사회를 만드는 길로 나서게 하였다.

필리핀 정부는 장준하에게 상을 주는 까닭을 이렇게 밝혔습니다. 나라 안에서는 썩은 언론인이라고 탄압받는 사람에게 외국에서는 정의로운 언론인이라며 큰 상을 준 것입니다. 장준하는 필리핀의 수도 마닐라까지 가서 막사이사이 상 언론·문학 부문을 받았습니다.

그런데 장준하가 필리핀에 가고 오는 동안 일본에서 하룻밤씩 자야만 했습니다. 그때는 서울에서 마닐라까지 한 번에 가는 비행기가 없었기 때문에 일본 도쿄까지 가서 마닐라행 비행기로 갈아타야 했습니다.

"나는 아직 일본 땅에 발을 내디딜 수 없습니다. 우리

1962년 8월, 필리핀에서 막사이사이 상 언론·문학 부문을 받고 수상자들과 함께 찍은 사진입니다. 뒷줄 왼쪽이 장준하이고 앞줄 오른쪽에서 두 번째에 앉아 있는 사람이 나중에 노벨 평화상을 받은 테레사 수녀입니다.

나라가 통일해서 진짜 해방이 되면, 그때는 일본 땅에 떳떳이 발을 들여놓겠습니다."

장준하는 이렇게 말하며 공항 대합실 의자에 기대어 이틀 밤을 잤습니다. 그동안 그는 단 한 걸음도 공항 밖으로 나가지 않았습니다.

장준하는 막사이사이 상을 받자 비로소 가슴에 쌓였던 억울함이 가신 듯했습니다. 다시 용기가 샘솟았습니다. 펜을 든 손은 더욱 힘을 얻었습니다.

하지만 그것으로 시련이 끝난 게 아니었습니다. 더 큰 시련이 장준하를 기다리고 있었습니다.

막다른 길

처음 군인들이 총칼을 들고 나타났을 때 국민들은 두려워서 입을 다물었습니다. 하지만 군인들이 자유를 억압하고 민주주의를 짓밟자 국민들은 뭉치기 시작했습니다. 군사 정권을 반대하는 국민들의 외침은 날이 갈수록 커졌습니다.

"군인들은 나라를 지키는 일로 돌아가라!"

"민주주의만이 우리가 살길이다."

이럴 때 장준하와 『사상계』가 입을 다물고 있을 수는 없었습니다.

"민주주의는 총칼 앞에서 이슬처럼 사라지는 듯하나 영영 죽지는 않는다. 이 나라의 주인인 국민은 말한다.

군인들은 당장 물러가라. 만약 국민을 위협하는 총칼을 버리지 않으면 국민은 결코 용서하지 않을 것이다."

장준하는 피를 토하듯이 민주주의를 외쳤습니다.

이런 순간에도 박정희 정권은 『사상계』를 없애려는 계획을 꾸미고 있었습니다. 어느 날부터인지 책방으로 나간 『사상계』가 다시 돌아오기 시작했습니다. 꾸준히 팔리던 책이 갑자기 팔리지 않으니 이상한 일이었습니다.

장준하는 책방에서 되돌아와 창고에 산더미처럼 쌓인 책들을 보았습니다. 그 많은 책들은 이제 폐지 더미나 다름없었습니다. 책방으로 내보낼 때 묶은 꾸러미가 풀리지도 않은 채 그대로 되돌아온 것도 많았습니다.

'이건 그자들의 음모야!'

장준하는 되돌아온 책 꾸러미를 만지며 분노했습니다. 그는 박정희 정권이 책방 주인들을 협박해 꾸민 일인 줄 바로 알아차렸습니다.

"이 책들을 어떻게 할까요?"

직원들이 안타까운 얼굴로 장준하에게 물었습니다.

"폐지 공장으로 보내야지요. 하지만 그대로 보내면 안 됩니다. 표지를 뜯고 난 다음에 보내야 해요."

장준하는 『사상계』가 폐지 공장으로 실려 가는 모습을 사람들에게 보여 주고 싶지 않았습니다. 그래서 표지를 뜯기로 한 것입니다.

그날부터 장준하에게는 할 일이 하나 더 생겼습니다. 저녁마다 창고에 가서 책 표지를 뜯는 일이었습니다.

부우욱 부욱 부욱.

책 표지가 뜯어지는 소리는 마치 살가죽을 벗겨 내는 듯한 아픔을 주었습니다. 표지를 뜯어 낸 책은 절단기에 넣고 한가운데를 싹뚝 잘라 두 동강을 내었습니다. 그런 다음에야 트럭에 실어서 폐지 공장으로 보냈습니다. 책방에서 되돌아오는 책은 날이 갈수록 늘어났습니다. 열 권 가운데 일고여덟 권은 책방에서 되돌아와 폐지 공장으로 실려 갔습니다.

"『사상계』가 곧 망한답니다. 빌려준 돈도 못 받을지 몰라요."

이상한 소문이 꼬리를 물고 일어나 사람들 사이로 퍼져 갔습니다. 『사상계』 사무실에는 빨리 빚을 갚으라는 전화와 편지가 끊이지 않았습니다. 드디어 걱정하던 일이 터지고야 말았습니다. 빚쟁이들이 들이닥친 것입니

『사상계』 사무실에 앉아 대화를 나누면서 활짝 웃는 모습입니다. 웃는 모습은 평화로워 보이지만, 이 시절 장준하는 『사상계』를 없애 버리려는 독재 정권에 맞서 힘겨운 싸움을 벌이고 있었습니다.

다. 모두 박정희 정권이 바라던 일이었습니다.

빚쟁이들은 자기들이 받을 돈만큼 필요한 물건을 챙겼습니다. 빚쟁이들은 『사상계』 사무실의 전화기까지 가져갔습니다.

장준하의 집은 더욱 말이 아니었습니다.

"내 강아지는 안 돼! 이 강아지는 내 거야, 엉엉엉……."

여덟 살 난 막내아들 호준이는 빚쟁이들이 자기와 놀던 강아지까지 빼앗아 갈까 봐 강아지를 껴안고 울었습니다. 호준이 곁에서는 고등학교에 다니는 큰딸 호경이가 훌쩍거리고 있었습니다. 호경이는 자기가 아끼는 피아노를 빚쟁이들에게 빼앗겼습니다. 그 피아노는 달마다 조금씩 갚기로 하고 장만한 지 겨우 넉 달밖에 안 된 것입니다.

장준하와 식구들은 이제 완전히 알거지 신세가 되고 말았습니다. 하루하루 살아갈 일조차 걱정이었습니다. 그래서 결국 집을 팔기로 작정했습니다.

장준하 가족이 살던 집은 서울 신촌에 있었습니다. 7년 전 아내는 어려운 살림에도 돈을 아껴서 집터를 마련했습니다. 처음에 김희숙이 집 지을 땅을 구했을 때 장준하는 나무랐습니다.

"괜한 짓을 했구려. 우리가 언제 집이 없어서 못 살았소?"

"마침 싼 땅이 있어서 백낙준 박사님 소개로 조금 샀어요. 식구들이 많으니 작더라도 우리 집이 있어야지요."

김희숙은 장준하를 설득해서 그 땅에 집을 짓기로 했습니다. 식구들은 집 지을 터에 천막을 치고 이사했습니다. 그러고는 돈이 생길 때마다 조금씩 집을 지어 나갔습니다.

한 해 두 해 지나면서 방을 한 칸씩 늘렸습니다. 일꾼들이 벽을 세우고 지붕을 만들면 식구들이 힘을 모아 벽지를 바르고 살림살이를 옮겼습니다. 집을 다 짓는 데에는 7년이나 걸렸습니다. 신촌 집은 구석구석 식구들의 땀과 사랑이 배어 있는 곳이었습니다.

그렇게 집을 다 지은 지 채 몇 달도 안 되었는데 집을 팔게 된 것입니다. 장준하는 미안한 마음에 김희숙의 얼굴을 차마 똑바로 볼 수가 없었습니다. 언제나 가난한 살림을 꾸려 오며 고생만 하는 아내였습니다.

 장준하 가족은 이제 길거리로 나앉을 판이었습니다. 장준하는 식구들과 한동안 여관에서 살았습니다. 그러다 어렵게 돈을 마련해서 서대문에 있는 남의 집으로 세를 들어갔습니다.

 신촌에 살다 서대문으로 이사한 까닭에 아이들이 학교에 가려면 신촌까지 가야 했습니다. 하지만 버스비가 없어서 그 먼 거리를 걸어서 다녔습니다.

 장준하는 아침마다 아이들과 함께 집을 나와 서대문 네거리에서 헤어졌습니다. 아이들은 신촌으로 가고, 그는 사무실이 있는 종로를 향해 반대쪽으로 걸었습니다. 그는 길을 걸으며 가끔 뒤를 돌아다보았습니다. 가방을 둘러메고 멀어져 가는 아이들이 보였습니다.

 장준하는 『사상계』가 숨이 끊어질 날도 멀지 않았다고 느꼈습니다. 가족이 집을 잃고 내몰리는 건 그래도 참을 만했습니다. 하지만 『사상계』가 죽어 가는 모습은 차마 눈 뜨고 보기가 어려웠습니다.

 '죽을 때 죽더라도 처음 세웠던 뜻과 정신은 잃지 말아야지.'

나날이 어려워지는 가운데서도 장준하는 밤늦도록 홀로 남아 일했습니다. 죽어 가는 『사상계』를 끝까지 살려 보려는 몸부림이었습니다. 하지만 그 엄청난 시련을 혼자서 이겨 내기란 몹시 힘에 부쳤습니다.

"이젠 끝난 것 같소. 『사상계』는 실패하고 말았소. 나는 왜 일생을 두고 실패만 하는 사람이 되었는지……."

1966년 어느 날, 장준하는 『사상계』 사무실로 찾아온 후배 백기완에게 이렇게 말했습니다. 그는 처음으로 백기완에게 자기 심정을 털어놓았습니다.

"나는 20대에 총을 들고 왜놈을 몰아내려다가 처음 실패했소. 그때부터 내 인생은 실패의 연속이구려."

장준하는 쓸쓸한 눈길로 하염없이 창밖을 바라보았습니다. 그러더니 다시 나직하게 말을 이었습니다.

"『사상계』는 죽었소. 막다른 길에 이르고 말았소. 나는 이제 더 이상 펜을 잡은 언론인이 아니오. 독재자가 총칼로 언론을 짓밟아 버렸는데 언론인이 무슨 필요가 있겠소. 지금부터 나는 직접 국민들을 상대로 호소하며 독재의 무리와 맞서 싸우겠소."

장준하의 낮은 목소리에는 알 수 없는 어떤 힘이 깃

들어 있었습니다.

"그럼 선생님께서 정치를……."

"그렇소."

여기까지 말한 장준하는 입을 다물었습니다. 그 순간 그의 눈에선 번쩍 불이 일어나는 듯했습니다.

정치인 장준하

1966년 10월 15일 오후, 경상북도 대구 수성천 모래밭에서는 연설회가 열리고 있었습니다. 연사로 나선 이는 장준하였습니다.

"총칼로 민주주의를 짓밟은 박정희는 내년에 있을 대통령 선거를 위해서 돈을 마련하려고 눈이 뒤집혔습니다. 그래서 외국에서 값싼 사카린을 몰래 들여와 국민들에게 비싼 값으로 팔아 더러운 돈을 챙겼습니다. 그런 일에 앞장선 박정희는 밀수 왕초입니다."

"그래, 맞아! 그런 짓을 했다면 밀수 왕초고말고."

여기저기서 함성이 일었습니다.

그날 장준하가 한 연설이 신문과 방송에 나가자 박정

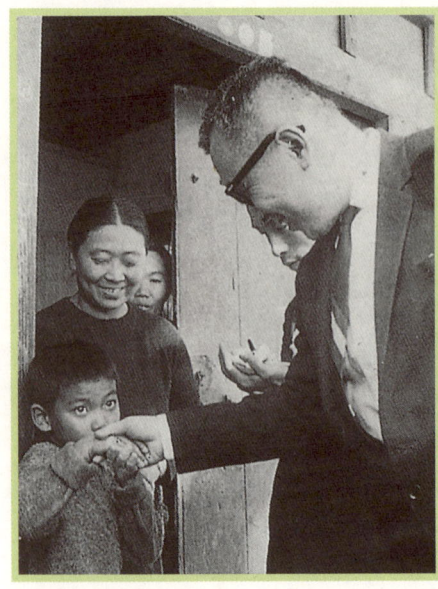

1966년 10월 26일, 장준하는 대통령 박정희를 '밀수 왕초'라고 비판한 연설 때문에 국가원수모독죄로 구속됩니다. 장준하는 집을 나서면서 자기를 배웅하는 부인과 막내아들 호준에게 여유로운 웃음을 짓고 있습니다.

희 정권은 펄쩍 뛰었습니다. 그들은 박정희를 밀수 왕초라고 한 말에 참을 수가 없어 당장 장준하를 잡아 가두었습니다. 국가 원수를 모독했다는 죄였습니다.

밀수 왕초라는 말 한마디 때문에 장준하는 석 달 동안 감옥에 갇혔습니다. 이것이 그의 첫 감옥살이였습니다. 이때부터 그는 세상을 떠날 때까지 서른일곱 번이나 경찰에 잡혀갔으며, 그 가운데 아홉 번을 감옥에 갇히게

대통령 선거 운동을 하면서 청중에게 열변을 토하는 장준하의 모습입니다. 장준하는 박정희 독재 정권을 선거로 심판해 달라고 국민들에게 외쳤습니다.

됩니다.

 이듬해에 대통령 선거가 있었습니다. 장준하는 박정희 독재 정권을 몰아내기 위해 민주당 대통령 후보 윤보선을 지지했습니다. 그래서 전국을 돌며 윤보선 후보를 지원하는 연설을 했습니다.

 "여러분, 일본군 장교였던 박정희는 결코 대통령이 될 자격이 없습니다. 게다가 그 사람은 국민이 나라를 지키라고 준 총을 국민에게 겨누었습니다."

장준하는 가는 곳마다 박정희 정권을 비판하고 공격했습니다. 그럴수록 그는 박정희 정권에 가장 무섭고도 미운 사람이 되었습니다.

"선생님, 아까부터 어떤 차가 우리를 미행하고 있습니다."

"알고 있소. 박정희가 보낸 자들일 거요."

대통령 선거에서 윤보선 후보가 패한 뒤 낯선 차가 장준하를 따라다니기 시작했습니다. 그들은 사복 입은 경찰이었습니다.

장준하는 자기가 또 감옥에 가리라는 걸 알고 있었습니다. 박정희가 다시 대통령이 되었으니 자기를 가만 놔둘 리가 없었습니다. 그는 이미 감옥에 끌려갈 각오가 되어 있었습니다.

"잠깐 차를 세우시오."

장준하는 갑자기 차에서 내려 뒤따르던 차로 다가가 자기를 미행하던 경찰들에게 말했습니다.

"나를 쫓아다니느라 애쓰는구려. 서로 따로따로 다니면서 고생할 게 아니라, 내가 아주 당신들과 같이 다니겠소."

장준하는 망설임 없이 그 차에 탔습니다. 경찰들은 매우 당황하면서도 얼른 자리를 내주었습니다.

장준하는 경찰 차를 타고서도 거리끼지 않고 농담을 나누었습니다. 어떤 때에는 피곤하겠다며 경찰들에게 술을 사 주기도 했습니다.

"내일쯤 선생님을 경찰서로 모셔야겠습니다. 위에서 명령이 떨어졌거든요. 준비하실 게 있으면 하시지요."

어느새 경찰들은 장준하를 선생님이라고 불렀습니다. 같이 지내면서 그를 마음속으로 존경하게 된 것입니다.

"알았소. 마지막으로 이발이나 하고 싶소."

다음 날 아침 장준하는 이발소에서 머리를 깎으며 거울에 비친 자기 모습을 바라보았습니다. 어느새 흰머리가 검은 머리보다 많아졌습니다. 그는 비로소 자기도 늙어 간다는 것을 느꼈습니다. 그는 거울에 비친 자기에게 말을 건넸습니다.

'이 사람, 준하! 지금 심정이 어떤가? 견딜 만한가?'

'그저 담담하네. 그런데 자네도 많이 늙었구먼.'

거울 속에 비친 자기가 대답했습니다.

이발을 마친 장준하는 감옥으로 끌려갔습니다. 그가

갇힌 곳은 서대문 형무소였습니다.

'아아, 장이욱 선생님, 선생님께서 왜놈들에게 끌려와 갇힌 곳에 30년이 지나 저도 왔군요. 선생님께서는 왜놈들에게 끌려오셨지만, 저를 끌고 온 자들은 같은 동포랍니다.'

그는 감옥 철문을 들어서며 중학교 때 교장 선생님이었던 장이욱 선생님을 생각했습니다.

감옥에서 장준하는 규칙적으로 생활하면서 열심히 책을 읽었습니다. 마치 절에 공부라도 하러 온 학자처럼 보였습니다. 그를 감시하는 간수들마저도 감탄할 정도였습니다.

그런데 장준하가 감옥에 있는 동안 제7대 국회의원 선거를 하게 되었습니다. 그는 국회의원 선거가 있다는 소식을 듣자 절로 웃음이 나왔습니다.

'박정희 일당이 나를 가둔 까닭이 따로 있었군. 나를 가두어 두면 국회의원 선거에 못 나올 줄 알았던 거지. 하지만 나는 이번 기회에 국민들에게 심판을 받겠다.'

장준하는 서울 청량리 부근인 동대문 을 선거구에 출마했습니다. 감옥에서 선거에 출마하는, 옥중 출마를 한 것입니다.

장준하가 선거에 나서자 가장 바빠진 사람은 아내 김희숙이었습니다. 남편이 감옥에 갇혀 있기 때문에 김희숙이 선거 운동을 하게 된 것입니다.

김희숙은 날마다 새벽 4시면 일어나 전차를 타고 청량리로 가서 남편을 돕는 사람들과 함께 이 골목 저 골목을 누볐습니다. 연설회 때에는 남편을 대신해 연단에 오르기도 했습니다. 김희숙은 많은 사람들 앞에서 연설해 본 적이 없었습니다. 그래서 그저 가슴에서 떠오르는 대로 자기의 솔직한 마음을 전하려 했습니다.

"저는 정치는 잘 알지 못하는 가정주부입니다. 하지만 남편이 왜 갇히게 됐는지는 아주 잘 알지요. 저는 남편이 국회의원이 된다고 해도 하나도 좋지 않아요. 그저 올바른 사람이 다시는 감옥에 가지 않아도 되는 그런 세상을 바랍니다."

김희숙은 설움이 복받쳐서 목이 꽉 잠겼습니다. 어떻게 연설을 마쳤는지도 몰랐습니다. 연단을 내려와 보니 둘레에 서 있던 사람들이 모두 눈물을 흘리고 있었습니다. 장준하와 함께 정치 활동을 했던 고흥문 국회의원도 손수건으로 눈물을 닦고 있었습니다.

"제 아버님께서 돌아가셨을 때도 이렇게 울지 않았는데, 오늘은 마음껏 울었습니다그려."

고흥문 의원은 눈이 붉어진 채로 김희숙에게 말했습니다.

선거를 며칠 앞두고 장준하는 감옥에서 겨우 풀려났습니다. 서대문 형무소 철문을 나설 때 그는 더부룩한 머리에 수염이 거칠게 자라 있었습니다.

마침내 선거가 치러졌습니다. 장준하는 사람들의 많은 지지를 받아 당당히 국회의원에 당선되었습니다. 그는 한 외국 기자가 소감을 묻자 서슴지 않고 대답했습니다.

"총칼로 정권을 잡은 쿠데타 세력은 반드시 자기들이 했던 대로 망하게 될 것입니다."

이제 장준하는 더 이상 언론인이 아니었습니다. 이제는 국민을 위해서 일하는 정치인이었습니다.

장준하는 국회의원을 지내는 4년 동안 바른 정치인이 되고자 최선을 다했습니다. 그는 4년 내내 월급이라곤 만져 보지도 못했습니다. 월급이 나오면 빚쟁이들이 고

스란히 가져가 버렸기 때문입니다. 『사상계』가 그에게 남긴 빚은 그만큼 무서웠습니다.

국회의원 장준하는 검소하고 열심히 일하기로 유명했습니다. 아무리 추운 겨울에도 내의를 입지 않았고 외투는 한 벌도 없었습니다. 장갑도 끼어 본 적이 없고요. 사람들이 그 까닭을 물을 때마다 장준하는 이렇게 대답하곤 했습니다.

"저는 일본군에서 탈출해 충칭에 있던 임시 정부를 찾아갈 때, 눈 덮인 벌판에서 밤을 지새운 적이 있습니다. 그때 죽음과 싸우면서 다짐했지요. 조국이 완전히 독립하고 우리가 못난 조상이 되지 않았다는 믿음이 설 때까지는 절대로 몸을 편하게 하지 않겠다고 말입니다."

"지금 우리는 독립된 나라를 세우지 않았습니까?"

"아닙니다. 진짜 독립은 외국 세력의 간섭을 받지 않고 우리 힘으로 갈라진 겨레를 하나로 평화롭게 통일할 때 이루어집니다. 통일을 이루지 못하고 민주주의 국가도 세우지 못한다면 우리는 영원히 못난 조상이 되고 맙니다."

장준하가 국회의원 시절에 국정 조사를 하고 있는 모습입니다. 장준하는 국회의원을 지내는 동안 언제나 국민을 대신해 나랏일을 게을리하지 않았습니다.

그런데 장준하가 국회의원을 하는 동안 정말 어이없고 분노스러운 일이 일어났습니다. 박정희 정권이 제멋대로 헌법을 고치고 박정희가 다시 대통령이 된 것입니다. 박정희 정권은 자기들이 가진 권력을 더 누리려고 안달이었습니다. 그러자면 나라의 법인 헌법을 고쳐야 했습니다. 그때 헌법에는 한 사람이 대통령을 두 번까지만 할 수 있다고 되어 있었습니다.

어두운 밤 박정희를 따르는 공화당 국회의원들은 국

국회의원 시절 국방위원이던 장준하가 휴전선을 방문하여 멀리 북녘 땅을 바라보며 깊은 생각에 잠겨 있습니다.

회 작은 회의실에 몰래 모여 도둑질하듯 헌법을 고쳐 대통령을 세 번까지 할 수 있게 만들었습니다. 이것이 우리 역사에 영원히 부끄러운 일로 남을 '삼선 개헌'이라는 사건입니다.

'박정희 일당의 욕심은 여기서 끝나지 않을 것이다. 이제 그들은 영원히 나라를 자기들 손아귀에 두려고 할 것이다. 우리나라가 어쩌다 이 지경이 되었는가? 내가 이 일을 막지 않는다면 다른 무엇을 할 것인가?'

장준하는 분노로 머리가 터질 지경이었습니다. 정치인이 된 자기가 나라와 민족을 위해 해야 할 일을 생각해 보았습니다. 그 길은 하나였습니다. 독재의 무리와 목숨을 건 싸움만이 있을 뿐이었습니다.

통일보다 높은 명령은 없다

"우리 남과 북은 서로 싸움을 중지하고 대화를 통해서 그리고 자주적인 힘으로 대단결하여 평화 통일을 이루기로 약속했다."

1972년 7월 4일 오전 10시, 라디오에서는 정부를 대표하는 이후락 중앙정보부장의 목소리가 흘러나왔습니다. 같은 시각 평양에서는 박성철 부수상이 같은 성명서를 읽고 있다고 했습니다.

라디오에 귀를 기울이고 있던 장준하는 깜짝 놀랐습니다.

'이게 사실인가?'

장준하는 정부가 발표한 성명을 다시 한 번 곰곰이

새겨보았습니다. 모두 옳은 말이었습니다. 그 가운데서도 남북이 단결하여 스스로의 힘으로 평화 통일을 이루자는 말은 참으로 옳다는 생각이 들었습니다. 이 성명이 바로 유명한 '7·4 남북 공동 성명'입니다.

그날부터 장준하는 가는 곳마다 정부의 이번 행동은 훌륭하다고 칭찬했습니다. 그가 박정희 정부를 그토록 칭찬한 건 처음이었습니다. 그러자 그와 가까운 사람들은 하나둘 다른 의견을 말했습니다.

"선생님, 너무 감격하시는 게 아닌지요?"

"박정희는 통일을 할 생각도 없고, 또 통일을 이룰 수 있는 자도 아니지 않습니까?"

가까운 사람들은 장준하가 너무 성급하게 박정희 정부를 믿는다고 했습니다. 하지만 장준하는 생각이 달랐습니다.

"그래요, 나는 감격했습니다. 뜨거운 눈물과 감동 없이 어떻게 얼어붙은 남과 북 사이의 벽을 녹일 수 있겠습니까? 이번 공동 성명을 자세히 읽어 보세요. 그 누구라도 우리 민족이 가야 할 통일의 길을 이만큼 올바르게 얘기하기는 어려울 거예요. 나는 이번 일만큼은 박정희 정부가 참 잘했다고 생각합니다."

장준하는 공동 성명이 얼마나 감격스러운 일이고 박정희 정부가 잘한 일이 무엇인지 설명했습니다. 그러나 잊지 않고 이렇게 덧붙였습니다.

"우리는 이제부터 눈을 똑바로 떠야 합니다. 박정희 정부가 공동 성명을 잘 지켜 나가도록 밀어주고 또 감시해야 합니다."

장준하는 자기 생각을 글로 써서 여러 잡지와 신문에 실었습니다. 그 가운데 함석헌 선생이 만드는 잡지 『씨알의 소리』에 실린 그의 글은 많은 사람들에게 감동을 주었습니다.

모든 통일은 좋은가?
그렇다. 통일보다 높은 명령은 없다. 통일은 갈라진 민족이 하나 되는 것이며, 통일만이 우리 민족의 역사를 발전시키고, 통일을 통해서 가치 있는 모든 것들이 이루어질 것이다.

이 글의 제목은 「민족주의자의 길」입니다.
장준하는 청년 시절에는 광복군이 되어 총을 들었습

니다. 이승만과 박정희 정권 시절에는 언론인으로서 펜을 들고 싸웠습니다. 이제 그에게는 총도 펜도 없지만 그가 갈 길은 민족 통일을 위해 헌신하는 민족주의자의 길이었습니다. 그는 그 길로 매진하는 것이 자신에게 주어진 역사적 책무라고 생각했습니다.

어느 날 장준하는 동지들과 함께 서울 중랑천 시냇가에 있는 가난한 동네를 살피러 간 적이 있었습니다. 일행은 어떤 집을 방문했습니다.

일행 가운데 한 명이 그 집 가장인 남자에게 물었습니다.

"식구가 모두 몇입니까?"

"저희 부부 두 사람하고 자식이 셋이니 모두 다섯이구먼유."

"그럼 한 달에 얼마나 벌고 있습니까?"

"글쎄요……. 한 달에 1만2천 원을 벌어서 겨우겨우 먹고살지요."

남자는 부끄러운지 한참 머뭇거리다가 대답했습니다.

사람들은 그 대답을 듣고 깜짝 놀랐습니다 1만2천 원이면 기껏 쌀 반 가마니 값밖에 안 되었으니까요. 옆에서 듣고 있던 장준하도 무척 놀랐습니다. 그 집을 나오면서 그는 옆에 있던 백기완에게 나직이 중얼거렸습니다.

"여보게, 자네도 통일이 소원이라고 했지? 통일이란 바로 저렇게 가난한 사람들이 잘살게 되는 것일세. 그래야 진짜 통일이지."

이 말은 장준하가 바로 자기 자신에게 한 말이었습니다. 그는 진짜 통일은 가난하고 억눌린 사람들이 잘살게 되는 것이라고 굳게 믿었습니다. 따라서 통일을 이룰 사람들은 지위가 높고 잘난 사람들이 아니라, 가난하고 억눌린 민중이라고 생각했습니다.

이렇듯 장준하가 통일의 희망에 빠져 있을 때, 날벼락이 떨어졌습니다.

7·4 남북 공동 성명이 나온 지 석 달이 조금 지난 1972년 10월 17일, 박정희 정권은 갑자기 전국에 비상 계엄을 선포했습니다. 국회도 강제로 문을 닫아 버렸습니다.

비상계엄이란 나라가 위태로울 때 군인들이 잠시 나라를 다스리는 제도입니다. 그러니까 전쟁이 일어났을 때에나 선포하는 것입니다. 이제 총을 찬 군인들이 관청을 맡았고 경찰을 대신했으며 심지어는 재판까지 했습니다. 온 나라가 공포스러운 분위기로 가득 찼습니다.

참으로 어이없는 일이었습니다. 박정희 정권은 얼마 전만 해도 평화적으로 남북 통일을 이루겠다고 약속했습니다. 그런데 고작 석 달만에 나라를 다시금 옛날 5·16 쿠데타 때로 되돌렸습니다.

박정희 일당은 자신들이 저지른 불법적인 일들을 두고서 나라를 새롭게 만들려는 것이라며 스스로 '10월 유신'이라고 주장했습니다. 자기들 멋대로 만든 헌법도 '유신 헌법'이라고 했지요. 유신 헌법에 따라 박정희는 이제 죽을 때까지 대통령을 할 수 있게 되었습니다.

박정희 정권은 10월 유신과 유신 헌법에 반대하면 모두 잡아 가두고 무자비하게 고문했습니다. 나라 안은 쥐 죽은 듯이 잠잠해졌습니다. 하지만 뜻있는 사람들은 독재자를 몰아내고 민주주의를 되찾을 희망을 아주 잃지는 않았습니다.

"흰 눈 사이로 썰매를 타고 달리는 기분 상쾌도 하

다……."

1973년 12월 24일, 성탄절을 하루 앞둔 서울 거리에는 경쾌한 노랫소리가 울려 퍼지고 있었습니다. 거리를 오가는 사람들도 여느 날과는 달리 가벼운 발걸음이었습니다.

그런데 종로 거리에 있는 기독교 청년회(YMCA) 회관 안은 아주 엄숙한 분위기에 싸여 있었습니다. 머리가 허옇게 센 노인도 젊은 사람도 한결같이 입을 꾹 다물고 앉아 있었습니다. 그들 앞에는 몇십 명이나 되는 신문 기자들이 사진기를 만지작거리고 있었습니다.

시간이 조금 흐른 뒤 검정색 두루마기를 입고 머리가 희끗희끗한 사람이 마이크 앞으로 나섰습니다. 장준하였습니다. 그는 주머니 속에서 반듯하게 접힌 편지지 몇 장을 꺼내 읽기 시작했습니다.

"지금 우리나라는 경제가 파괴되고 국민들은 혼란에 빠져 있다. 학교와 교회에서 그리고 거리에서 국민들은 울부짖으며 자유를 요구하고 있다. 국민들이 울부짖는 까닭은 바로 유신 헌법 아래서는 못 살겠다는 소리다……."

1973년 12월 24일, 서울 종로에 있는 기독교 청년회(YMCA) 회관에서 유신 헌법을 철폐하라는 성명서를 낭독하고 있는 장준하의 모습입니다.

 장준하는 잠시 침을 삼키느라 말을 멈췄습니다. 여기저기서 사진기 불빛이 번쩍번쩍 터졌습니다. 그는 다시 글을 읽어 나갔습니다.
 "이에 우리는 국민의 이름으로 대통령에게 헌법을 올바로 고치기를 요구한다. 그 표시로 백만 명 시민들의 서명 운동을 시작하는 바이다."

글을 읽고 난 장준하는 그 성명서에 서명한 사람들의 이름을 읽어 내려갔습니다.

"함석헌, 법정, 이희승, 김수환, 천관우, 박두진, 김지하, 계훈제, 안병무, 백기완, 홍남순······."

장준하를 포함하여 모두 서른 명이었습니다.

그날 신문에서는 이 소식을 큰 기사로 다루었습니다. 신문들은 처음으로 유신 헌법을 반대한 놀라운 사건이라고 보도했습니다.

다음 날부터 수많은 국민들이 앞다투어 서명을 하겠다고 나섰습니다. 이틀 만에 이만 명이 서명했고, 열흘이 지나자 서명한 사람은 사십만 명이 넘었습니다. 그대로 가면 백만 명은 금방 넘을 수 있었습니다.

그러자 누구보다 가장 두려워하며 놀란 박정희 정권은 장준하와 그를 도운 백기완을 잡아 가두어 버렸습니다. 그리고 장준하에게 무려 징역 15년 형과 함께 앞으로 정치 활동을 하지 못하도록 자격 정지 15년이라는 무거운 형을 내렸습니다.

장준하가 또 감옥에 갇히는 바람에 식구들은 살길이 막막해졌습니다. 당장 끼니를 걱정할 형편이었습니다.

1974년 1월, 백만인 서명 운동을 주도하다가 법정에 선 장준하와 백기완의 모습입니다. 이때 장준하는 15년 형을 받고 1년여 동안 옥살이를 한 뒤, 1974년 12월 병든 몸으로 풀려났습니다.

장준하 가족이 어렵게 산다는 소문이 퍼졌고, 이내 놀라운 일이 벌어졌습니다. 하루는 동네 쌀가게 주인이 장준하 집으로 쌀 한 가마니를 지고 왔습니다. 가족들은 쌀을 배달시킨 적이 없다며 돌려보내려고 했습니다.

그러자 쌀가게 주인은 마루에 쌀을 내려놓으며 말했습니다.

"이 댁이 맞습니다. 아까 어떤 분이 돈을 주고 가면서

이 댁으로 쌀 한 가마니를 배달해 달라고 하셨습니다."

"누가요?"

"그거야 저도 모르지요. 그분이 이름을 알려 주시지 않았거든요."

이런 일은 한두 번이 아니었습니다. 어떤 사람은 집으로 찾아와 이런저런 얘기를 나누다가 돌아갈 때 몰래 돈을 놓고 가기도 했습니다. 모두들 자기 이름은 밝히지 않았습니다. 만약 도움을 준 사람 이름을 경찰이 알기라도 하면 가만둘 리가 없으니까요.

어렵고 힘든 시절이었지만 국민들은 장준하를 사랑하고 아끼면서 가슴으로 지지해 주었습니다. 어떤 사람은 이렇게 말하기도 했습니다.

"박정희는 제멋대로 만든 유신 헌법 대통령이다. 하지만 장준하는 우리들 마음속의 대통령이다."

민족주의자의 죽음

끼이이익.

장준하는 감옥을 나서다가 요란한 소리를 내며 닫히는 철문을 돌아다보았습니다. 벌써 몇 번째 이 문을 들락거리는지 잘 생각이 나지 않았습니다.

15년 형을 받은 장준하는 병에 걸려 1년 만에 감옥에서 풀려났습니다. 박정희 정권은 장준하가 감옥에서 죽기라도 하면 국민들의 거센 저항을 받을 것이 두려워 마지못해 석방한 것입니다. 감옥에서 나온 장준하는 집으로 가지 못하고 곧장 종로에 있는 조광현 내과 병원으로 실려 갔습니다.

장준하는 어릴 때부터 심장이 몹시 약했는데, 감옥에

있는 동안 심장병을 얻었습니다. 게다가 간경화증이라는 병까지 걸려서 치료를 받지 않으면 아주 위험해질 참이었습니다.

한 달쯤 지나 장준하는 퇴원했지만 건강은 여전히 좋지 않았습니다. 그래도 그의 가슴은 하루빨리 독재자를 몰아내고 민주주의를 이루어야겠다는 한 가지 생각으로 뛰고 있었습니다. 장준하는 여러 사람과 만나서 의논하고 또 혼자서도 궁리를 거듭했습니다.

하지만 세상은 온통 캄캄한 어둠 속에 잠겨 있었습니다. 갈 길이 쉬이 보이지 않았습니다. 새벽이 오려면 아직도 멀어 보였습니다.

'새벽이 오기만 기다릴 게 아니라 등불을 밝히고 길을 찾아 나서야지. 내 한 몸 희생해서 등불을 밝힐 수만 있다면 나는 그렇게 하겠다.'

그동안 봄이 가고 여름이 왔습니다. 그는 가슴이 답답해졌습니다. 왠지 마음이 다급해지기도 했습니다. 가슴이 못 견디게 답답해지면 장준하는 훌쩍 산에 올랐습니다. 산골에서 태어나 산을 무척 좋아했습니다.

아내 김희숙은 건강이 좋지 않은 남편이 걱정되어 등

산을 말렸습니다. 그래도 장준하는 일요일이면 꼭 산에 올랐습니다.

"나갔다 오겠소."

무더운 8월 초순 어느 날, 장준하는 간편한 옷차림으로 집을 나섰습니다.

"이렇게 더운데 오늘도 산에 가려구요? 게다가 오늘은 일요일도 아니잖아요?"

"오늘은 아버님 어머님 산소에 좀 다녀오겠소."

"갑자기 산소에는 왜……."

김희숙은 무더운 여름날 갑자기 부모님 산소에 갔다 오겠다는 남편이 좀 이상했습니다. 그러나 장준하는 더 이상 아무 말도 하지 않고 집을 나섰습니다.

그날부터 장준하는 부모님 산소뿐만 아니라 김구 선생과 이범석 장군 묘까지 찾아가 풀을 뽑고 산소를 다듬으며 한동안 머무르곤 했습니다. 뭔가 깊이 생각하는 듯했습니다.

여러 어른들의 산소에 다녀온 뒤부터 장준하는 예전과는 뭔가 다른 사람처럼 보였습니다. 마지막 길이라도 떠나려는 사람처럼 주변을 정리하기 시작했습니다. 여

1970년대의 어느 날, 장준하와 김희숙이 마당에서 다정하게 웃고 있습니다.

러 사람을 만나 오래도록 의견을 나누기도 했습니다. 뭔가 중요한 일을 꾸미는 게 분명했습니다.

그러던 어느 날 장준하는 김희숙에게 갑작스럽게 결혼식을 하자는 말을 꺼냈습니다. 김희숙은 놀라서 되물었습니다.

"아니, 벌써 결혼식을 하고 30년 넘게 살았는데 웬 결혼식을 또 올린단 말이에요?"

"당신은 천주교 신자 아니오? 그런데 우리가 언제 천주교식으로 결혼식을 한 적 있소? 그러니 이제라도 성당에 가서 천주교 결혼식을 올립시다."

"이 양반이 무슨 바람이 불었나? 그렇게 한다면 저야 좋고말고요."

독실한 천주교 신자인 김희숙은 남편이 그렇게 고마울 수가 없었습니다. 한편으로는 갑작스럽게 마음이 바뀐 남편이 이상하기도 했습니다. 두 사람은 집에서 가까운 상봉동 성당으로 가서 천주교 결혼식인 관면 혼배를 올렸습니다.

관면 혼배를 하고 며칠 뒤 장준하는 아침에 집을 나서면서 가보처럼 간직해 온 태극기를 챙겨 들었습니다. 그것은 임시 정부에서 쓰던 태극기로, 김구 선생이 장준하에게 물려준 것입니다.

"여보, 오늘 이화여대 총장 김옥길 선생을 만나기로 했소. 이 태극기를 학교 박물관에 잘 보관해 달라고 부탁할 생각이오."

"지금까지 집에서도 잘 보관해 왔는데, 갑자기 왜요?"

"왠지 더 이상 지키기 힘들 것 같구려."

김희숙은 남편의 대답이 이상하게 들렸습니다. 하지

만 박물관에 맡기면 더 낫겠다는 생각도 들었습니다.

장준하는 김옥길 총장을 만나서 태극기를 전해 주고 돌아와 몹시 홀가분한 표정이었습니다. 마치 무거운 짐이라도 벗은 사람 같았습니다.

장준하는 광주를 방문하여 홍남순 변호사를 만났을 때 비로소 자기의 각오를 털어놓았습니다.

"며칠 있으면 광복 30주년인데, 그동안 우리는 통일을 이루지 못하고 나라는 독재 국가가 되었으니 이보다 부끄러운 일이 어디 있겠습니까? 두고 보세요. 나는 결코 독재 정권에 굴복하지 않을 겁니다. 지금도 그들과 싸울 큰일을 준비하고 있어요."

장준하는 안주머니에서 알약을 하나 꺼내 보이며 말을 이었습니다.

"이번에 또 감옥에 들어가면 그때는 죽을지도 모릅니다. 나를 미워하는 자들이 이 약을 넣어 주지 않을 테니까요. 저는 이 약을 먹지 못하면 살기 힘들거든요."

"장 선생, 혼자서만 고생하지 마세요. 나도 선생을 힘껏 돕겠소."

홍남순 변호사가 돕겠다고 나서자 장준하는 손을 내

장준하가 살아서 마지막으로 남긴 사진입니다. 1975년 8월 9일, 장준하는 광주의 홍남순 변호사를 찾아가 같이 무등산에 올랐습니다. 가운데가 장준하이고 왼쪽에 서 있는 사람이 홍남순 변호사입니다.

저었습니다.

"변호사님도 그간 고생이 많으셨으니 이번에는 쉬세요. 여러 사람이 고생할 필요는 없지요."

장준하는 박정희 정권과 마지막으로 싸워 볼 생각이 있는 게 틀림없었습니다. 그래서 단단히 각오하고 사람들을 만나 의논을 한 것입니다. 그는 이미 함석헌 선생도 만났고 대통령 선거에 나와서 큰 인기를 얻은 정치인 김대중도 만났습니다.

함석헌 선생은 장준하와 만나 얘기를 나누고 헤어질 때 은근히 타일렀습니다.

"장 선생, 몸도 좋지 않으면서 너무 자주 산에 오르지 마세요. 오히려 건강을 해칩니다. 또 혼자 다니시는 건 위험하기도 하고요."

"제가 어디 한두 번 산에 오릅니까? 염려 마십시오."

장준하는 괜한 걱정 말라며 웃어넘기고는 일요일이 되면 또다시 산에 오르곤 했습니다.

이렇듯 장준하가 뭔가 큰일을 준비하고 있을 무렵, 이상한 일이 생겼습니다. 밤마다 누군가 장준하 집에 돌멩이를 던져 대는 것이었습니다. 그런 일은 사람들이 잠든 깊은 밤에 일어났습니다.

쨍그랑!

어른 주먹만큼이나 큰 돌멩이는 꼭 장준하가 자는 방으로만 날아왔습니다. 장준하를 노리는 게 틀림없었습니다.

그럴 때마다 장준하는 오히려 돌멩이가 날아 들어온

창문 아래쪽에 이불을 펴고 아무렇지도 않은 듯 잠을 청했습니다. 그는 돌멩이가 창문으로 들어오면 창문 바로 아래가 가장 안전하다는 걸 잘 알고 있었습니다.

"여보, 아무래도 몸조심하셔야겠어요. 누군가가 당신을 해칠 것만 같아요."

"그래요, 아버지. 아마도 아버지를 협박하려고 그러는 게 분명합니다."

식구들은 장준하에게 몸조심하라고 당부했습니다.

"걱정들 말아요. 나는 어떤 놈들이 그러는지 잘 알고 있지. 하지만 설마 나를 죽이기야 하겠나."

1975년 8월 17일, 일요일이었습니다. 장준하는 아침 일찍 산으로 떠났습니다. 그는 점심으로 먹을 샌드위치를 작은 배낭에 넣고 집을 나섰습니다. 이번에는 호림산악회라는 등산 모임 사람들 사십여 명과 함께 하는 산행이었습니다.

장준하와 등산 모임 사람들은 경기도 포천에 있는 약사봉에 닿았습니다. 일행은 버스에서 내려 골짜기를 따라 걸었습니다.

"어휴, 더워! 이쯤에서 점심을 먹도록 합시다."

일행은 짐을 풀고 점심 먹을 준비를 했습니다. 그런데 장준하는 혼자서 계속 걸었습니다.

"나는 산 위로 좀 올라갔다 오겠소."

장준하는 이렇게 말하며 숲 속으로 난 길을 따라 올라갔습니다. 얼마 뒤 일행 가운데 한 사람이 장준하를 따라 산에 오르겠다며 뒤따랐습니다. 그것이 장준하의 마지막 모습이 될 줄은 아무도 몰랐습니다.

그날 오후, 방송에서는 놀라운 뉴스가 전해졌습니다.

"오늘 오후, 경기도 포천군 이동면에 있는 약사봉에서 장준하 전 국회의원이 등산 중 12미터 벼랑 아래로 추락하여 시신으로 발견되었습니다. 고 장준하 전 의원은 광복군 출신으로 나라의 독립을 위해 싸웠으며, 『사상계』의 사장을 지낸……."

뉴스를 듣고 있던 함석헌 선생은 벼락이라도 맞은 것 같았습니다.

"안 돼! 장준하가 죽다니, 믿을 수가 없어. 그럴 수가 없어."

함석헌 선생은 가슴을 치며 눈물을 흘렸습니다. 그런 심정은 다른 동지들도 마찬가지였습니다.

그러나 누구보다 슬프고 가슴 아픈 사람은 장준하에게 가장 가까웠던 마음의 동지이자 아내인 김희숙이었습니다.

뒷이야기

 김희숙은 남편의 주검을 두 눈으로 직접 보고도 믿을 수가 없었습니다. 지난 한 달 동안 장준하가 보여 준 이상한 행동들이 떠올랐습니다. 부모님과 김구 선생 산소에 다녀온 일, 자기에게 천주교 결혼식을 올리자고 한 일, 임시 정부 태극기를 이화여자대학교 박물관에 맡긴 일······.
 "당신은 자기가 죽을 것을 알고 계셨군요. 그런데 왜 나에게 한마디 말도 없었나요? 왜?"
 김희숙은 너무나 원통하고 분하고 아쉬웠습니다.
 장준하의 주검을 본 동지들은 다시 한번 놀랐습니다. 장준하의 주검은 12미터 높이의 벼랑에서 떨어진 모습이 아니었습니다. 몸에는 눈에 띄게 큰 상처가 없었고, 얼굴도 아주 깨끗해서 마치 잠을 자는 사람처럼 보였습니다. 옷도 찢어진 데가 없었고 안경도 깨지지 않았습니다. 배낭 안에 들어 있던 보온병까지 말짱했습니다.

"여러분, 여기 좀 보세요. 오른쪽 귀 바로 뒤에 뭔가로 세게 때린 자국이 있군요."

아까부터 장준하의 몸을 꼼꼼히 살펴보고 있던 사람이 외쳤습니다. 그는 장준하의 동지들이 불러온 의사였습니다.

사람들은 모두 의사가 가리키는 곳으로 눈길을 모았습니다. 과연 장준하의 오른쪽 귀 바로 뒤에는 둥그렇게 파인 2센티미터 정도의 상처가 나 있었습니다. 그 자리에서 피가 흘러나온 흔적이 보였습니다.

"양쪽 겨드랑이를 보세요. 피멍이 들었지요? 이건 누가 양쪽에서 강제로 끌고 간 자국일지도 모르겠습니다. 왼쪽 엉덩이에도 뭔가에 쓸린 자국이 있어요. 그리고 엉덩이와 오른쪽 팔에도 이상한 주삿바늘 자국이 있고요."

의사는 주검을 자세히 살핀 끝에 벼랑에서 떨어져 죽

었다고 믿기는 어렵다고 말했습니다.

그러자 한 사람이 의사에게 물었습니다.

"그럼 선생께선 어떻게 돌아가셨단 말입니까?"

"분명히 벼랑에서 떨어져 사망한 건 아닙니다. 머리를 맞아서 돌아가신 게 틀림없어요. 누군가 머리를 때려서 살해한 다음 벼랑 아래로 옮겨 놓았는지도 모르지요."

의사는 자세히 설명했습니다.

"그렇다면 누가 죽였단 말입니까?"

"그건 의사인 저로서는 알 수 없는 일이지요."

의사는 고개를 가로저었습니다.

그러자 한 사람이 고함을 지르며 외쳤습니다.

"나는 알고 있습니다. 선생을 죽인 자들은 바로 독재자와 그 하수인들이지 누구겠습니까? 선생께서 갖은 협박에도 두려워하지 않고 더 큰 싸움을 준비하자 이렇게 해친 것입니다. 여러분 중에 선생을 죽인 자가 누구인지 모르는 사람 있습니까? 있으면 손을 들어 보세요. 어서요! <u>으흐흐흑……</u>"

장준하가 살던 비좁은 셋집 안은 순식간에 울음바다가 되었습니다.

1975년 8월 21일, 명동 성당에서 천주교와 기독교 합동으로 치른 영결식 모습입니다. 〈아, 언제나 그리운 내 본향 찾아〉라는 구슬픈 노래에 맞춰 막내아들 호준이 영정을 들고 들어서고 있습니다. 이 자리에는 이천여 명의 추모객들이 모였습니다. 영구차가 성당을 떠날 때 추모객들은 "장준하 선생 만세! 자유 민주주의 만세! 대한민국 만세! 남북 통일 만세!"를 외쳤습니다.

장준하의 마지막 모습을 보려고 찾아온 사람들이 좁은 마당을 가득 메웠습니다. 골목까지도 사람들이 물결쳤습니다. 가난한 장준하 가족은 손님들을 대접할 형편이 못 되었습니다. 그런데 찾아온 손님들이 가진 돈을 털어 스스로 술과 음식을 장만하였습니다. 그런 모습을 보며 김희숙은 남편이 남긴 높은 정신을 다시금 느꼈습

김희숙과 큰아들 호권이 장준하의 무덤 앞에서 인사를 올리고 있습니다.

니다.

세상을 떠난 지 5일째 되는 날 장준하는 동지들이 눈물로 지켜보는 가운데 경기도 파주군 광탄면에 있는 천주교 나자렛 묘원에 묻혔습니다. 아직 할 일이 많은 쉰일곱이라는 나이에 사랑하는 조국의 흙 속으로 돌아간 것입니다.

한 달 뒤 장준하를 따르던 젊은이들이 약사봉 골짜기

에 모였습니다. 그들은 장준하가 죽어서 처음 발견된 자리에 자그마한 비석을 세웠습니다.

오호! 장준하 선생
여기 이 말 없는 골짝은 빼앗긴 민주주의의 쟁취, 고루 잘 사는 사회, 민족의 자주 평화 통일 운동의 위대한 지도자 장준하 선생이 원통히 숨진 곳.
뜻을 같이하는 젊은이들이 맨손으로 돌을 파 비를 세우니, 비록 말 못 하는 돌부리, 풀나무여!
먼 훗날 반드시 돌베개의 뜻을 옳게 증언하라.

돌아가신 날 1975. 8. 17
비를 세운 날 1975. 9. 17
고 장준하 선생 추모 동지 일동

장준하가 쉰일곱 해를 살아서 남긴 재산은 셋집을 얻은 돈과 쌀 몇 됫박뿐이었습니다. 하지만 민족과 나라를 사랑한 마음과 민주주의를 지키려던 용기 그리고 평화 통일의 정신은 우리에게 영원한 유산으로 남았습니다.

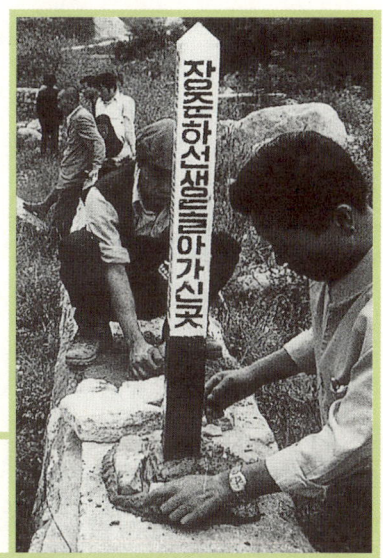

경기도 포천의 약사봉 골짜기 어귀에 동지와 후배들이 '장준하 선생 돌아가신 곳'이라는 안내비를 세우고 있습니다.

장준하가 세상을 떠나고 한 달 뒤인 1975년 9월 17일, 장준하를 따르던 젊은이들이 약사봉에 세운 비석입니다.

1991년 8월 15일, 대한민국 정부는 장준하에게 건국 훈장 애국장을 수여했습니다. 1999년 11월 1일에는 다시 문화 예술 분야의 최고 훈장인 금관 문화 훈장이 더해졌습니다. 비록 너무 뒤늦기는 했지만, 두 훈장은 국가가 주는 마땅한 보답이었습니다.

　장준하의 정신을 이어받고 그의 죽음을 둘러싼 진실을 밝히려는 노력도 계속되었습니다. 그러나 처음에는 쉽지 않았습니다.

　1979년에 독재자 박정희가 죽은 뒤에도 우리 사회의 민주주의는 좀처럼 나아지지 않았습니다. 군인 출신인 전두환과 노태우가 또다시 군사 반란으로 정권을 잡아 박정희 시대 이상으로 민주주의를 억눌렀습니다.

　그 시절에 장준하의 죽음은 누구도 내놓고 말하기 힘들었습니다. 역사의 진실이 밝혀지기를 두려워하고 방해하는 무리들이 버젓이 살아 있었기 때문이지요. 장준하는 억압받는 민주주의와 같은 운명이었습니다. 그의 이름을 부르는 것은 곧 민주주의를 외치는 일과 마찬가지였습니다.

　하지만 장준하와 같은 이들의 피와 땀과 희망을 기억

하는 국민들은 독재의 무리에 맞서 민주화를 향한 싸움을 멈추지 않았습니다. 마침내 국민들의 오랜 민주화 투쟁 끝에 민주 선거로 대통령을 뽑고 정부를 선택할 수 있게 되었습니다. 드디어 우리나라도 독재의 어두운 그늘에서 벗어나 좀 더 자유로운 사회로 나아가기 시작했습니다.

1999년 5월, 장준하의 삶과 정신을 따르고자 하는 사람들이 장준하기념사업회를 만들었습니다. 이 단체는 장준하가 이루고자 했으나 안타까운 죽음으로 이루지 못했던 민주주의와 통일 정신을 계승하려는 모임입니다. 모임을 만들 때 나온 설립 취지문은 이렇게 말하고 있습니다.

"장준하 선생의 삶을 기념하는 일은 선생을 위해서가 아니라 우리 자신과 후손을 위한 일입니다."

장준하기념사업회는 또한 의문의 죽음에 대한 진실을 밝히는 일에도 노력을 기울였습니다.

2000년 10월, 김대중 정부는 비로소 민주화를 위해 싸우다 희생당한 사람들의 죽음을 밝히기 위한 기구를 만들었습니다. 대통령 소속 의문사진상규명위원회가 바로 그것입니다.

  장준하의 정신을 따르는 사람들은 진실을 밝힐 기회가 왔다고 생각했습니다. 아내 김희숙도 마찬가지였습니다. 장준하가 죽고 난 뒤 김희숙은 입은 있어도 말을 할 수 없는 세상을 살았지만, 언젠가 진실이 밝혀지리라는 희망을 버리지 않고 어두운 시대를 견뎌 냈습니다.

  마침내 2000년 12월, 김희숙과 장준하기념사업회는 의문사진상규명위원회에 장준하의 죽음에 얽힌 진실을 밝혀 달라고 요구했습니다. 김희숙은 국민들의 투쟁 속에서 이룩된 민주주의의 힘을 믿었습니다.

  그러나 김희숙의 바람은 쉽게 이루어지지 않고 있습니다. 2004년 6월, 의문사진상규명위원회는 3년이 넘는 오랜 조사 끝에 이렇게 발표했습니다.

  "이 사건의 진상을 밝히기는 불가능하다."

  의문사진상규명위원회는 장준하가 민주주의를 위해 독재의 무리에 맞서 싸운 것도, 그들이 장준하를 억누르고 감시하고 괴롭힌 것도 인정하였습니다. 또한 장준하의 죽음이 추락사가 아니라 아주 많은 의문이 있다는 점도 확인하였습니다. 그러나 조사의 어려움으로 증거를 찾지 못해 진실을 밝히기가 불가능하다는 것입니다.

그래도 아직 희망은 사라지지 않았습니다. 의문사진상규명위원회가 증거를 찾지 못했을 뿐, 장준하의 죽음에 얽힌 의문을 밝히려는 노력은 어떻게든 계속될 것이기 때문입니다. 우리 사회의 민주주의가 멈추지 않고 나아가는 것처럼 그 진실을 찾는 노력도 결코 멈추지 않을 것입니다.

2012년 8월 17일, 경기도 파주시 탄현면에 장준하공원이 문을 열었습니다. 파주시의 도움으로 장준하의 낡고 허물어진 묘소를 이곳으로 옮기면서 기념 공원을 마련한 것입니다. 공원에는 그의 삶과 정신을 새긴 기념비들이 세워졌습니다.

그리고 이듬해인 2013년 1월 24일에 서울중앙지법의 법정에서는 역사적인 판결이 있었습니다.

"1974년에 박정희 정부가 장준하 선생을 구속한 것은 헌법을 위반한 행위이기에 무효이다. 따라서 당시 장준하 선생은 무죄이다. 아울러 재판부는 암흑기에 어둠을 밝히는 시대의 등불이 되고자 스스로 희생과 고난을 마다하지 않은 고인의 숭고한 정신에 진심 어린 존경과 감사의 마음을 표한다."

무려 39년 만에 다시 재판이 열려 내려진 무죄 판결이었습니다. 비록 장준하는 오래전에 세상을 떠났지만, 뒤늦게나마 재판부가 국가를 대신하여 그에게 사죄하고 명예를 찾아 주었습니다.

그 얼마 뒤인 3월 30일에 서울시청 앞 광장에서는 '민족 지도자 장준하 선생 겨레장'이 열렸습니다. 의문사의 진실을 밝히기 위한 유골 검사를 마치고 새 묘소로 모시기 위한 장례식이었습니다. 수많은 시민들의 추모를 받으며 그의 유해는 장준하공원 뒤쪽의 언덕 위에 안장되었습니다. 무덤에는 흙으로 봉분을 쌓아 올리는 대신 커다란 돌베개 모양의 바위를 놓았습니다.

장준하가 새로 잠든 언덕에서는 오두산통일전망대가 바라보이고, 판문점으로 가는 자유로가 가까이 내려다보입니다. 그 언덕으로 오르는 길 바로 앞에는 그가 살아서 남긴 말이 새겨진 기념비가 서 있습니다.

"우리는 무기를 가졌습니다. 조국을 찾아야 한다는 목표물을 똑바로 겨냥한, 젊음이란 이름의 무기입니다."

생전에 장준하는 민족의 평화 통일을 이루어야 진정

2012년 8월 경기도 파주시 탄현면에 조성된 장준하공원입니다. 공원에는 장준하의 발자취와 정신을 기리는 기념비들이 세워졌고, 뒤쪽 언덕 위로 새 묘소가 마련되었습니다.

한 독립이라고 여겼습니다. 지금 그가 살아 있다면, 북으로 가는 자유로를 바라보며 이렇게 말할 것만 같습니다.

"우리는 무기를 가졌습니다. 통일을 이루어야 한다는 목표물을 똑바로 겨냥한, 평화라는 이름의 무기입니다."

민주주의의 등불 장준하의 생애

1918년	8월 27일, 평안북도 의주군 고성면 연하동에서 기독교 목사인 장석인 선생과 김경문 여사의 둘째아들로 태어났습니다.
1920년 2세	가족이 평안북도 삭주군 외남면 청계동으로 이사하여 그곳에서 성장하였습니다.
1933년 15세	평안북도 삭주의 대관보통학교를 졸업하고 아버지가 교사로 있던 평양 숭실중학교에 입학하였습니다. 이듬해 교목으로 부임하는 아버지를 따라 평안북도 선천의 신성중학교로 전학하였습니다. 중학교 시절 방학 때면 농촌에서 진행된 브 나로드 운동 가운데 하나인 한글 강습회 활동에 참가하였습니다.
1938년 20세	신성중학교를 졸업하고, 평안북도 정주에 있는 신안소학교 교사가 되었습니다. 이때부터 3년 동안 가난한 아이들을 가르치며 보람 있는 생활을 하였습니다.
1941년 23세	일본 도쿄로 유학을 떠났습니다. 처음에는 도요대학교 철학과 예과에서 공부하다가 1942년 4월에 니혼신학교에 입학하였습니다.
1943년 25세	11월에 김준덕 선생과 노선삼 여사의 맏딸 김희숙과 결혼했습니다. 주례는 아버지 장석인 목사가 맡았습니다.
1944년 26세	1월에 일본군 학병으로 끌려가 중국까지 갔으나, 같은 해 7월 죽음을 무릅쓰고 탈출하였습니다. 8월에 린취안에 있는 중국 중앙군관학교 분교의 한국 광복군 훈련반에 들어가 교육을 받으며 『등불』이라는 잡지를 만들었습니다.

| 1945년 27세 | 1월에 충칭에 있던 대한민국 임시 정부에서 광복군 장교로 임관되었습니다. 4월에 시안에서 미군과 합동으로 국내 진공 작전을 위한 OSS 훈련을 받았으며, 『제단』이라는 잡지를 만들었습니다. 11월에 대한민국 임시 정부 김구 주석의 비서가 되어 우리나라로 돌아왔습니다. 그 뒤 비상국민회의 서기와 민주의원 비서를 지냈습니다. |

| 1949년 31세 | 6월, 일본에서 미처 마치지 못한 신학 공부를 하기 위해 뒤늦게 들어간 한국신학대학(오늘날의 한신대학교)을 졸업했습니다. |

| 1950년 32세 | 대한민국 정부의 서기관이 되어 문교부(오늘날의 교육부)에서 국민 정신 계몽 담당관으로 일하였으며, 뒤이어 국민사상연구원의 사무국장이 되었습니다. 이때 국민 정신을 계몽하기 위한 잡지 『사상』을 발행하는 책임을 맡았습니다. |

| 1953년 35세 | 4월에 월간 『사상계』를 발행하기 시작하였습니다. 『사상계』는 이때부터 1970년 5월까지 발행되었으며(장준하는 1968년까지 발행인을 맡음), 민주주의를 지키고 정권을 감시하는 언론으로 이름이 높았습니다. |

| 1961년 43세 | 4·19 혁명 뒤 국민들의 힘으로 새로운 정부가 세워지자, 대한민국 국토건설본부에서 기획부장으로 일하였습니다. |

| 1962년 44세 | 8월에 필리핀의 막사이사이 재단이 주는 막사이사이상 언론·문학 부문을 받았습니다. 이 상은 '아시아의 노벨상'이라고 일컬어지는 상입니다. |

1966년	48세	10월에 박정희를 비판한 연설로 구속되어 12월에 풀려났습니다. 이 일로 이듬해 2월에 징역 6월의 형을 받았습니다.
1967년	49세	6월에 또다시 박정희를 비판하여 국가원수모독죄로 감옥에 갇혀 있으면서 제7대 국회의원 선거에 출마해 당선되었습니다.
1971년	53세	광복군 활동에 대해서 쓴 책 『돌베개』를 출간하였습니다.
1973년	55세	12월에 민주주의를 지키기 위해 잘못된 유신 헌법을 올바로 고치라고 요구하는 백만인 서명 운동을 주도하였습니다.
1974년	56세	1월에 백만인 서명 운동을 주동했다는 이유로 끌려가 징역 15년과 자격 정지 15년이라는 무거운 형을 받았습니다. 같은 해 12월에 병든 몸으로 감옥에서 풀려났습니다.
1975년	57세	8월 17일, 경기도 포천에 있는 약사봉에서 의문의 사고로 세상을 떠났습니다. 8월 21일, 경기도 파주에 있는 천주교 나자렛 묘원에 묻혔습니다.
1991년		광복 46주년을 맞이한 8월 15일 대한민국 정부에서 주는 건국 훈장 애국장을 받았습니다.
1999년		5월에 장준하의 정신을 계승하고 발전시키기 위한 장준하기념사업회가 창립되었습니다. 11월 1일, 언론과 문화 발전에 기여한 공로로 대한민국 정부가 주는 문화 예술 분야의 최고 훈장인 금관 문화 훈장을 받았습니다.

2000년	1월에 국회에서 의문사 진상 규명에 관한 특별법이 제정되었고, 10월에 대통령 산하 의문사진상규명위원회가 출범하였습니다. 이 위원회에서 다른 의문사와 함께 장준하 의문사에 대한 조사를 시작하였습니다.
2002년	9월에 의문사진상규명위원회는 장준하 의문사의 진상을 규명하기가 불가능하다고 결정했습니다. 그러나 재조사 요구가 높아 이듬해 7월에 다시 출범한 의문사진상규명위원회가 조사를 이어갔습니다.
2004년	6월, 의문사진상규명위원회는 장준하 의문사에 대해 조사의 어려움으로 증거를 찾지 못해 진상 규명이 불가능하다는 최종 결정을 발표하였습니다.
2012년	8월 17일, 경기도 파주시 탄현면에 장준하공원이 문을 열고 묘소를 새로 만들어 옮겼습니다. 이때 유골 검사에서 타살 가능성이 확인되었고, 12월에 다시 법의학자의 정밀 감식이 이루어졌습니다.
2013년	1월에 서울중앙지방법원에서 1974년 장준하에게 선고된 징역 15년과 자격 정지 15년 형에 대해 재심을 열고 39년 만에 무죄를 선고했습니다. 3월에 유해의 정밀 감식이 끝나 타살 가능성이 높다는 결과가 발표되었고, 이에 관련 단체가 정부에 사건의 재조사를 요구하였습니다. 3월 30일에 서울시청 앞 광장에서 '민족 지도자 장준하 선생 겨레장'을 치른 뒤 유해를 장준하공원 뒤쪽 언덕에 다시 안장하였습니다.
2018년	7월 2일, 부인 김희숙 여사가 92세를 일기로 세상을 떠났습니다. 김희숙 여사는 장준하공원에 합장되었습니다.

민주주의의 등불
장준하

1994년 1월 31일 1판 1쇄
2005년 3월 15일 2판 1쇄
2016년 5월 31일 2판 11쇄
2018년 8월 27일 3판 1쇄

지은이 김민수
편집 김태희, 장슬기, 나고은, 김아름 | **디자인** 골무 | **제작** 박흥기 | **마케팅** 이병규, 이민정, 최다은
인쇄 천일문화사 | **제책** 책다움 | **펴낸이** 강맑실 | **펴낸곳** (주)사계절출판사
등록 제406-2003-034호 | **주소** (우)10881 경기도 파주시 회동길 252
전화 031)955-8588, 8558 | **전송** 마케팅부 031)955-8595 편집부 031)955-8596
홈페이지 www.sakyejul.co.kr | **전자우편** skj@sakyejul.co.kr | **블로그** skjmail.blog.me
페이스북 facebook.com/sakyejul | **트위터** twitter.com/sakyejul

ⓒ 김민수 2018

사진 출처 및 사용 장준하기념사업회, 함석헌기념사업회

책값은 뒤표지에 적혀 있습니다. 잘못 만든 책은 구입하신 서점에서 바꾸어 드립니다.
사계절출판사는 성장의 의미를 생각합니다. 사계절출판사는 독자 여러분의 의견에 늘 귀 기울이고 있습니다.
이 책은 저작권법에 따라 보호받는 저작물이므로 무단전재와 무단복제를 금합니다.

ISBN 979-11-6094-384-9 73810

이 도서의 국립중앙도서관 출판예정도서목록(CIP)은 서지정보유통지원시스템 홈페이지(http://seoji.nl.go.kr)와
국가자료공동목록시스템(http://www.nl.go.kr/kolisnet)에서 이용하실 수 있습니다. (CIP제어번호: CIP2018023397)